企画・編集

JLCI
Japanese Language & Culture Institute

新日本語能力試験・高得点 Pass シリーズ

超級表現
＋使える名句

松本節子＋佐久間良子＋植木香　共著

はじめに

本書は、高度な日本語能力の習得を目指す日本語学習者のための本です。特に次のような学習者の皆様にお薦めします。

新日本語能力試験 N1 受験のために勉強をしたいと思っている方。

新日本語能力試験は、N5 から N1 までのレベルがあり、N1 では、より高度なコミュニケーション能力と、その基礎となるより広い言語知識が要求されます。本書で学習することにより、N1 での高得点が期待できます。

日本語能力試験は受けないが、高度な日本語の表現を勉強して、より実力をつけたい方。

本書では、新聞や雑誌はもちろん、小説などを読むときにも役に立つ表現を学習できます。本書で勉強すれば、きっと読書が楽しくなるでしょう。

より自然で高度な会話を習得したいと思っている方。

「よく耳にするが意味がよく分からない言葉やことわざなどがある」と思うことがありませんか。それは会話の中に、流行語やことわざが使われているためかもしれません。本書で「使える名句」を覚えると、テレビや新聞などで話題になっていることがより理解しやすくなり、会話も弾むようになります。また、話したいことをより自然に相手に伝えることができるようになるでしょう。

**筆者一同、
皆様の「N1 高得点合格!」「実力アップ!」を
期待しています。**

目次

はじめに………3
本書の構成と使い方………6

第1章
「ない」がつく表現………9

01 〜もしないで………10
02 〜ようで〜ない………12
03 〜が／は 欠かせない………14
04 〜もやむをえない………16
05 〜は否めない………18
06 まんざら〜ない………20
07 〜と言っても過言ではない………22
08 〜をおいてほかにはない………24
09 〜は／など 毛頭ない………26
10 〜をもってしても―ない………28
11 〜にしくはない………30
01-11　応用問題………32

第2章
否定形がつく表現………35

12 〜ともなく………36
13 〜か否か………38
14 〜ざる………40
15 〜ではあるまいか………42
16 〜なら／は いざしらず………44
17 〜は言うにおよばず………46
18 〜も／を かえりみず………48
19 〜も無理からぬ………50
12-19　応用問題………52

第3章
文を強める表現………55

20 〜てこそはじめて………56
21 〜こそすれ―ない………58
22 〜でこそあれ―ない………60
23 〜たらんとする………62
24 〜たるや………64
25 〜とみるや………66
26 〜ともあろう―が………68
27 〜などもってのほか………70
28 〜ならまだしも………72
29 〜もあらばこそ………74
20-29　応用問題………76

第4章
動詞「ます形」に続く表現………79

30　〜そこなう-1………80
31　〜そこなう-2………82
32　〜がいがある／ない………84
33　〜つける／〜つけた／〜つけない
　　　　　　　　………86
34　〜まくる………88
35　〜ようによっては………90
30-35　応用問題………92

第5章
名詞に続く表現………95

36　〜なみ………96
37　〜にかかっている………98
38　せめて〜なりとも………100
39　〜ぶる………102
40　〜もそこそこに………104
41　〜じみる………106
42　〜にかまけて………108
43　〜にのっとり………110
44　〜はさておき………112
45　〜もさることながら………114
46　〜よろしく………116
47　〜をふまえて………118
48　〜を異にする………120
36-48　応用問題………122

第6章
「こと」「もの」の表現／
仮定の表現／繰り返す表現
　　　　　　　　………125

49　〜こととみえる／〜こととみえて
　　　　　　　　………126
50　なまじ〜ものだから………128
51　ともすれば／ともすると………130
52　しいて〜と／ば／たら／なら………132
53　ひとたび〜と／ば／たら………134
54　いざ〜となると………136
55　かたや〜、かたや—………138
56　〜と言わず—と言わず………140
57　〜と言おうか、—と言おうか／
　　　〜と言うか、—と言うか………142
58　〜とも—ともつかぬ………144
49-58　応用問題………146

総合問題………149

Ⅰ　表現確認問題………150
Ⅱ　会話完成問題………162
総合問題解答………178

使える名句………179

索引………191

CONTENTS

【本書の構成と使い方】

- 本書は、新日本語能力試験N1などの勉強に必要な「超級表現」を取り上げています。
- 「超級表現」は、接続の形などによって、6つのグループに分かれています。
- どのグループから勉強を始めても、どんな順番で進めてもいいように構成されています。自分に合った方法で自由に学習してください。
- 日本語能力試験出題基準の旧1級以上の漢字にはふりがなが付いていますので、漢字を学習することもできます。

【本書の構成】

1. 各表現の例文と説明

- 問題
- 「使える名句」が付いた例文
- 意味・使い方・接続など
- 確認問題
- くだけた会話表現や、一緒に覚えておくといい表現、など。

2. 問題

- 応用問題
- 総合問題 Ⅰ 表現確認問題
- 総合問題 Ⅱ 会話完成問題

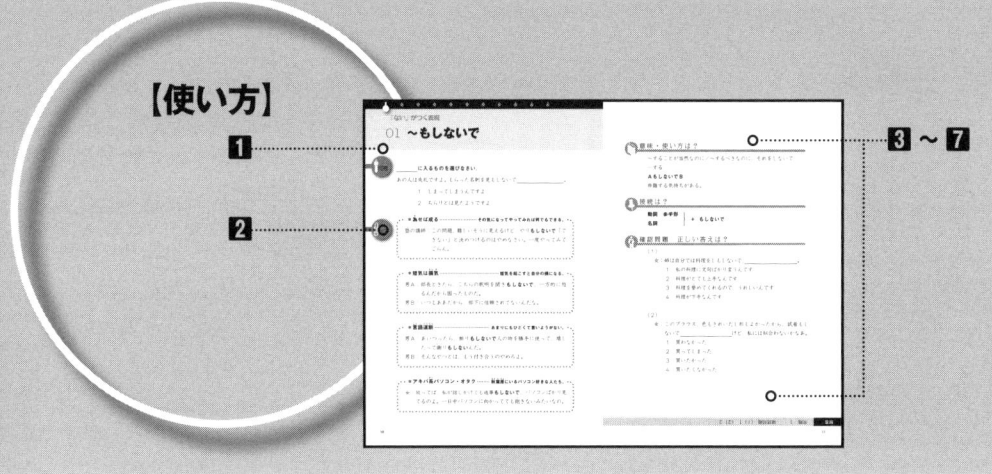

1. 各表現の例文と説明

❶ 問題
まず、この表現をどの程度理解しているか、自分の力を試しましょう。

❷ 「使える名句」が付いた例文
例文を読んで、項目の表現の意味を考えてみましょう。例文の上についている「名句」は、ことわざ、四字熟語、流行語などで、日常よく使われているものばかりです。覚えておくと便利な表現を取り上げています。日本語能力試験ばかりでなく、高度な読解、会話に役に立つものですから、是非覚えて、使ってみてください。

❸ 意味・使い方は？
意味、使い方の特徴などを分かりやすく説明していますから、それを読めば、例文の意味を、よりはっきり理解することができます。「類似表現」も出ていますので、一緒に覚えると、覚えやすいでしょう。

❹ 接続は？
接続の形や注意事項などが書いてあります。特によく使われる接続が取り上げてあります。どんな品詞に、どんな形で接続するか、学習してください。ここで使われている品詞や活用の用語については、次ページを見てください。

❺ 確認問題
ここで学習した各表現の意味や使い方を理解できたかどうか、確認する問題です。会話や文章の展開を予測する力をつけます。問題を解いて、できなかったら、もう一度、説明や例文を読み直してください。

❻ くだけた会話では？
くだけた会話ではどのように言うのか、例を挙げてあります。日常よく使う会話表現と関連させれば、難しいと思える高度な表現も簡単に理解し、覚えることができます。

❼ これも覚えましょう！　類似表現！
ここでは、関連表現や類似表現が取り上げてあります。併せて覚えて、理解の範囲を広げてください。

【使い方】

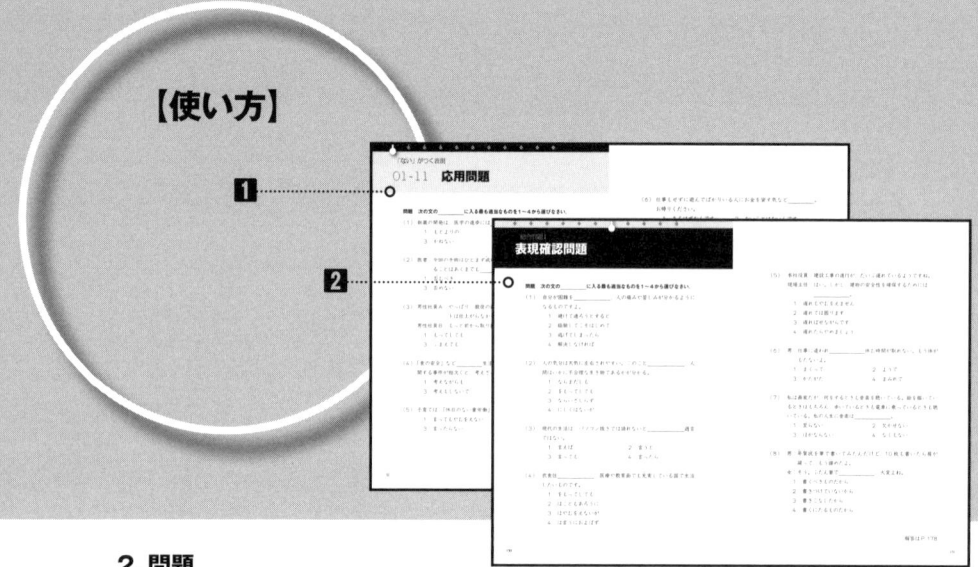

2. 問題

❶ 応用問題
各章の最後には、応用問題があります。これは、選択肢に学習項目があり、4つの選択肢から、正しい表現を選び出せるかどうかをみる問題です。

❷ 総合問題
巻末には本書で学んだ表現すべてに関する問題があります。これで学習の達成度を測ってください。間違えた問題は、いい結果が出るまで繰り返し、説明や例文を読んでください。

Ⅰ 表現確認問題
応用問題と同じ形式の問題です。

Ⅱ 会話完成問題
会話文を読んで、会話を完成させる問題です。日本人との会話の輪の中に入ったとき、適切な受け答えをして、会話をうまく運んでいく能力(運用力)を付ける問題です。
新日本語能力試験では、より一層「運用力」が問われます。この会話完成問題を解くことによって、自然な会話力を身に付けてください。

「接続は？」で使われている用語の説明

(1) 普通形

	現在形	現在否定形	過去形	過去否定形
動詞	動詞（る） ＊辞書形	動詞(ない) ＊ない形	動詞(た) ＊た形	動詞(なかった)
い形容詞	い形容詞 (い)	い形容詞 (くない)	い形容詞 (かった)	い形容詞 (くなかった)
な形容詞	な形容詞 (だ)	な形容詞 (じゃ/ではない)	な形容詞 (だった)	な形容詞(じゃ/ ではなかった)
名詞 (名詞＋です)	名詞＋だ	名詞＋(じゃ/ ではない)	名詞＋だった	名詞＋(じゃ/ ではなかった)

(2) 名詞の形＝名詞と同じ働きをするもの

第1章
「ない」がつく表現

「ない」がつく表現

01 ～もしないで

問題 ＿＿＿＿に入るものを選びなさい。

あの人は失礼ですよ。もらった名刺を見もしないで＿＿＿＿＿＿＿。

　　1　しまってしまうんですよ
　　2　ちらりとは見たようですよ

例文

* 為せば成る……………その気になってやってみれば何でもできる。

塾の講師：この問題、難しそうに見えるけど、やりもしないで「できない」と決めつけるのはやめなさい。一度やってみてごらん。

* 短気は損気……………短気を起こすと自分の損になる。

男A：部長ときたら、こちらの釈明を聞きもしないで、一方的に怒るんだから困ったものだ。
男B：いつもああだから、部下に信頼されてないんだな。

* 言語道断……………あまりにもひどくて言いようがない。

男A：あいつったら、断りもしないで人の物を勝手に使って、壊したって謝りもしないんだ。
男B：そんなやつとは、もう付き合うのやめろよ。

* パソコン・オタク……………パソコン好きな人たち。

女：彼ってば、私が話しかけても返事もしないで、パソコンばかり見てるのよ。一日中パソコンに向かってても飽きないみたいなの。

意味・使い方は？

〜することが当然なのに／〜するべきなのに、それをしないで―する

Aもしないで B

非難する気持ちがある。

接続は？

動詞 ~~ます形~~
名詞 } ＋ もしないで

確認問題　正しい答えは？

（1）
　　女：姉は自分では料理をしもしないで、＿＿＿＿＿＿＿＿＿＿。
　　　1　私の料理に文句ばかり言うんです
　　　2　料理がとても上手なんです
　　　3　料理を誉めてくれるので、うれしいんです
　　　4　料理が下手なんです

（2）
　　女：このブラウス、色もきれいだし形もよかったから、試着もしないで＿＿＿＿＿＿＿＿＿けど、私には似合わないかなあ。
　　　1　買わなかった
　　　2　買ってしまった
　　　3　買いたかった
　　　4　買いたくなかった

「ない」がつく表現

02 ～ようで～ない

 _____ に入るものを選びなさい。

酒のようで_____飲み物が発売されました。ノンアルコールですから、飲んでから、車を運転しても大丈夫です。

1　酒でもある
2　酒じゃない

* **知らぬが仏**………　不幸な事実を知らない間は幸せでいられるということ。

サラリーマンが知っている**ようで**意外と知ら**ない**のが、自分の納税額だろう。給料から自動的に引かれるので、日々の忙しさにかまけて、知らない人が多いらしい。かくいう私もその中の一人だ。あるとき、その額を知って、愕然とした。こんなに取られているとは。

* **人間は考える葦である**………　人間は弱いが考える力があるということ。

なぜ地球にだけ水と空気があるのか。なぜ人は様々な言葉を話すのか。なぜ空気の抵抗で飛行機は空を飛べるのか。知っている**ようで**知ら**ない**疑問が、次々と頭に浮かんだ。

* **先送り**………　問題を未解決のままにすること。

A：政治家って、いろいろ考えている**ようで**、実は何も考えてい**な**いんじゃないかな。
B：どうして？
A：温室効果ガスの排出権を売ったり買ったりして、あれじゃ公害が減るわけないもんね。

意味・使い方は？

〜と思ったが、ちがう
Aようで、Aない
本当はBだ。

類似表現！

「AないようでAだ」という表現もある。

接続は？

動詞　普通形
い形容詞　普通形
な形容詞　普通形（現在肯定　〜な）
名詞　普通形（現在肯定　＋の）

＋　ようで〜ない

●注意　「ようで〜ない」の前には否定形は入らない。

確認問題　正しい答えは？

・時間に縛られるのがいやで、独立して会社を設立したが、自営業は時間があるようでないことが分かった。＿＿＿＿＿＿＿＿＿＿。
　　1　すぐに仕事が頭から離れてしまうのである
　　2　年中暇で、仕事がかえってできないものだ
　　3　24時間仕事が頭から離れないのである
　　4　やはり、時間があるものだ

「ない」がつく表現

03 〜が／は 欠かせない

＿＿＿＿＿に入るものを選びなさい。

A：もう日常生活にスマホや携帯は欠かせないね。

B：＿＿＿＿＿＿＿＿＿＿。

　　1　持ってる人はあまりいないよね
　　2　ほとんどの人が持ってるよね

＊骨折り損のくたびれもうけ……………………苦労しても効果がない。

女：今ダイエットしてるから、私にはこのお茶**が欠かせない**の。食後にこれを飲むといいらしいのよ。
男：ほんとにやせるの？　いまいち効果出てないんじゃないか？

＊持つべきものは友……………………持つ価値のあるものは友達だ。

女：また新種のウイルスが出てるそうね。
男：うん。パソコンのセキュリティ対策**は欠かせない**よ。やってる？
女：それが、そういうことには弱くって、何もしてないんだ。
男：それは危ないよ。僕がやってやるよ。

＊日進月歩……………………絶え間なく進歩すること。

医学の進歩は目覚ましい。であるからこそ、医師にとっては常に最新の医療に関する知識と技術を学ぶこと**が欠かせない**ことなのだ。

意味・使い方は？

~が必要だ／~がないと困る

 接続は？

名詞　＋　が／は　欠かせない

 確認問題　正しい答えは？

男：わさびなしでさしみ食べるのか。
女：うん。あの鼻につんと来るのが嫌なの。
男：俺は_____。
　　さしみにわさびは欠かせないだろう。
　　1　絶対につけないね
　　2　たまにつけるよ
　　3　必ずつけるよ
　　4　つけるときもあるよ

 くだけた会話では？

~が必要だ

* **賜物**……………………結果として得た大切な物。
後輩：A社の部長が、我が社と契約するって言ってくれましたよ。
先輩：よかったなあ。君の努力の賜物だね。やはり常日頃からクライアントとの信頼関係を築いておくこと**が必要**だね。

「ない」がつく表現

04 〜もやむをえない

問題 ＿＿＿＿に入るものを選びなさい。

これほどの業績不振では、今年のボーナスはカットされてもやむをえないと、社員たちも＿＿＿＿＿＿＿＿＿＿。

1　諦（あきら）めるだろう

2　納得（なっとく）できかねるだろう

例文

＊熟年離婚（じゅくねんりこん）……………長い間結婚生活を送った中高年者の離婚。

夫：愛情がなくなれば離婚**もやむをえない**と考える若者が増えてるんだって。

妻：でも、それは若者だけに限った傾向じゃないわ。中高年だって同じよ。

夫：まさか、お前もそんなこと考えているんじゃ…。

妻：さあ、どうかしら。そんなことは、これっぽっちも考えてないって言いたいとこだけど…。

＊エコライフ……………省エネルギーや環境（かんきょう）を守ることを重視（じゅうし）する生活。

妻：最近、環境をよくするためには生活が少々不便になって**もやむをえない**と考える人々が増えてきたそうよ。

夫：省エネは今の時代に当然必要なことだからな。

妻：それで、あなたもできるだけ動かないようにしているわけ？

意味・使い方は？

〜は、仕方がない／他にどうすることもできない

接続は？

動詞　て形　　　　＋　もやむをえない
名詞

確認問題　正しい答えは？

男A：うちの部長は、A国での事業の継続に躍起になっているってね。
男B：でも、こんなに莫大な損失が生じちゃ、中止もやむをえないだろうな。
男A：それじゃ、＿＿＿＿＿＿＿＿＿＿。
　　1　この仕事は楽しいな
　　2　我が社も安泰だな
　　3　現地社員の首も危なくなるな
　　4　世界的な不景気だからな

くだけた会話では？

〜もしょうがない

＊空気が読めない……………その場の状況が把握できないこと。

男A：このところA大臣の暴言が大変な問題になっているね。
男B：ああ、こんなに国民感情を逆なでするようなことを言ってしまったんだから、解任されて**もしょうがない**んじゃないかな。
男A：庶民の気持ちが分からない政治家なんて、いらないよね。

「ない」がつく表現

05 〜は否めない

＿＿＿＿に入るものを選びなさい。

我が校のサッカーチームが懸命に練習していることは認めるが、その練習方法に問題があることは否めないだろう。＿＿＿＿＿＿＿＿＿＿。

1　得点力が伸びないのだから
2　かなり上達したのだから

＊昨日の敵は今日の友 …… 以前、敵として戦った相手と仲良くすること。

男A：彼は行動力があり、多くの支持者を生んでいるが、政治経験が浅いことは否めないね。
男B：だからこそ、彼は選挙で戦った経験豊富なライバルたちを味方につけようとしているんだよ。

＊半人前 …………………………… まだ社会人として独立していない人。

上司A：彼は一人前の社会人のような口をきいていますが、まだまだ考えが未熟なことは否めませんよ。
上司B：そうですね。まだ一人暮らしもしたことがないらしいですから。

＊机上の空論 …… 頭の中で考えただけで、実際には役に立たない理論・計画。

男A：二代目の若社長は、勝手な理想論を言っているだけで、現場の問題に関する認識の甘さは否めないね。
男B：まったくだよ。あんな甘い考えじゃ現実問題は解決できないよ。

意味・使い方は？

〜は、（否定しようとしても）否定することはできない事実である

接続は？

動詞　普通形　＋　こと／の
い形容詞　普通形　＋　こと／の
な形容詞　普通形（現在肯定 〜な）＋ こと／の
名詞

＋　は否めない

● 注意　「な形容詞」と「名詞」は、より改まった場合には「〜である／〜でない／〜であった／〜でなかった」の形になることがある。

確認問題　正しい答えは？

社長：彼女には、今回のミスの責任をとって会社を辞めてもらうよ。
秘書：確かに、彼女が不注意であったことは否めませんが、今回の失敗の責任が＿＿＿＿＿＿＿＿＿とは言えないのではないでしょうか。

1　会社側にもある
2　彼女だけにある
3　皆が負わなければならない
4　彼女には関係ない

「ない」がつく表現

06 まんざら〜ない

問題　_____に入るものを選びなさい。

田舎の生活は退屈だろうと覚悟していたが、始めてみるとまんざら_____。

　　1　悪くはない
　　2　面白くない

例文

＊土用の丑の日にウナギを食べると夏バテしない〈世間で言われていること〉

昔から、夏、土用の丑の日にウナギを食べると夏バテしないと言われています。迷信のようですが、**まんざら**迷信とは言え**ない**のです。夏の暑い日に、栄養のあるウナギを食べて、夏を乗り切ろうという昔の人の知恵なのだと思います。

＊やせ我慢……………………本当は大変なのに平気な様子をすること。

女：お宅、遠いんですね。通勤時間、往復で4時間なんですって？
男：ええ、そうなんですが、通勤時間が長いのも**まんざら**捨てたもんじゃ**ない**ですよ。電車の中でゆっくり読書ができるしね（本当は大変だ…）。
女：そうですね（やせ我慢しちゃって…）。

＊無芸大食……………………何も得意なものがないということ。

男A：これ、お前んちの犬？　なんか芸できる？「お手」とか。
男B：「お手」はできる。「待て」「お座り」ができないんだ。餌だけはよく食べるんだけど、馬鹿なのかな。
男A：「お手」できるんなら、**まんざら**馬鹿じゃ**ない**よね。

意味・使い方は？

必ずしも〜とは言えない／〜と思っていたが、それほど〜ない
まんざらAない
Aには否定的な内容や、話し手の思っていたことなどを入れる。

接続は？

まんざら ＋ { い形容詞　〜い→く / な形容詞　〜な→では／じゃ / 名詞　〜では／じゃ } ＋ ない

確認問題　正しい答えは？

女：山田さん今日もお休みだそうよ。
男：また、仮病（けびょう）じゃないか。
女：いえ、病気というのは、まんざら嘘（うそ）ではなさそうよ。

　　　＿＿＿＿＿＿＿＿＿。

1　嘘をつきかねない人だから
2　だまされたらしい
3　元気だったし
4　風邪（かぜ）声だったから

これも覚えましょう！

まんざらじゃない＝それほど悪くない

＊Ｉターン現象………都会を捨て、田舎で生活する人々が増えている現象。

男：田舎暮らしも**まんざらじゃない**ね。都会とは違う楽しさがあるよ。

「ない」がつく表現

07 〜と言っても過言ではない

_____に入るものを選びなさい。

この遊園地は、大人も子供も楽しめる県内で唯一の娯楽施設と言っても過言ではない。_____。

1　他にも同様の施設はたくさんある
2　他に同様の施設は見当たらない

* 日常茶飯事 ……………………………………… 毎日のありふれたこと。

凶悪な犯罪のニュースを聞かない日はないくらい、もはや犯罪は日常茶飯事である**と言っても過言ではない**。

* 背水の陣 ………… 失敗すれば次のチャンスはない状態で物事を行うこと。

この新製品が当たらなければ、会社は倒産する**と言っても過言ではない**。社運をかけて開発にあたろう。失敗すれば職を失うかもしれないんだから。

* 正念場 …………………………………………… 最も重要な時期。

いじめや自殺、教職員の不祥事などが多発し、我が国の学校教育は多くの問題を抱えている。教育問題は、今まさに正念場を迎えている**と言っても過言ではない**だろう。

意味・使い方は？

～と言っても言い過ぎではない／～と言っても極端ではない

 接続は？

動詞　普通形
い形容詞　普通形
な形容詞　普通形
名詞　普通形

＋ と言っても過言ではない

● 注意　「な形容詞」と「名詞」は「～である／～でない／～であった／～でなかった」の形になることがある。「名詞」「な形容詞」の現在肯定では「普通形　～だ」となることもある。

確認問題　正しい答えは？

・この周辺の林に自生して増え続けている花は、今や林の破壊者と言っても過言ではない。＿＿＿＿＿＿＿＿＿＿。
　　1　その花によって林がいっそう美しくなった
　　2　その花の増殖により木が枯れつつある
　　3　破壊者というのは言い過ぎである
　　4　木がよく育つようになるだろう

「ない」がつく表現

08 〜をおいてほかにはない

_____に入るものを選びなさい。

オリンピック開催地は、発達した交通インフラと最新の競技施設を有するA市をおいてほかにはないとの理由で_____。

1　A市に決定した

2　他の市になった

＊**白羽の矢が立つ** ……………… 適任者なので、皆から選ばれること。

A：長嶋さん、この仕事、ぜひお引き受けいただきたいんですが。
B：そんなこと言われても、自信がないですよ。体も丈夫ではないし。
A：この難しい仕事を任せられるのは、長嶋さん**をおいてほかにはありません**。みんなもそう言ってますし、なんとかお願いします。
B：じゃ、やってみますが、うまくいかなくても恨まないでくださいよ。
A：もちろんです。

＊**売り言葉に買い言葉** ……… 乱暴な言葉に乱暴に答えて喧嘩をすること。

女A：ここに、ゴミを捨てたのはお宅でしょう。こんな非常識なことをするのはこの辺ではお宅**をおいてほかにない**でしょうからね。
女B：ま、なんて失礼な。そんな失礼なことを言うのは、あなた**をおいてほかにはない**でしょうね。

意味・使い方は？

～しかない／～だけ
強調表現。

接続は？

名詞 ＋ をおいてほかにはない

確認問題　正しい答えは？

（1）
与党を倒し政権を奪うチャンスは、今をおいてほかにはない。
＿＿＿＿＿＿＿＿＿＿。
1　機会を逃した　　2　待てばよい機会が訪れる
3　絶好の機会だ　　4　チャンスではない

（2）
男：あなたを幸せにできるのは、僕をおいてほかにはありません。
女：＿＿＿＿＿＿＿＿＿＿、私を幸せにできるのは、私自身をおいてほかにはないと思ってます。
1　ありませんが　　2　ありがとう。でも
3　そうですね　　　4　失礼します

くだけた会話では？

～しかない／～っきゃない

＊電光石火……………………………………動作が素早いこと。

転職するのは今っきゃないと思って、その日のうちに会社を辞めた。

「ない」がつく表現

09 ～は／など 毛頭(もうとう)ない

問題 ＿＿＿＿に入るものを選びなさい。

あの野球選手には、引退する気など毛頭ないようだ。

＿＿＿＿＿＿＿。

1　毎日熱心に練習を続けている
2　まったく練習をしようとしない

例文

＊サボる……………………………仕事を怠けること（sabotage）。

課長：森下君、最近欠勤が多いですね。サボらずに仕事をしてください。
森下：申し訳ありません。サボるつもり**など毛頭ない**のですが、体が弱くて、他の人みたいに働けないもんで。

＊アリバイ……………………犯罪の現場にいなかったという証明。

警察：一昨年の２月２７日、午前8時から9時の間、どこで何をしていましたか。正確に思い出してください。アリバイがない場合は、容疑は晴れませんよ。
男　：嘘をつく気**は毛頭ない**んですが、そんな前のことを正確に思い出せって言われても、無理です。

＊憎まれっ子世にはばかる
　　　　　　　　　　人に憎まれるような人が、世間では威張っている。

男Ａ：車ぶつけられたんだそうですね。で、相手はどんな人？
男Ｂ：一流企業の社長ですがね。謝るつもり**は毛頭ない**ようです。
男Ａ：非常識極まりない人なんですね。

意味・使い方は？

〜は少しもない／〜は全然ない
人の意志、意図を否定するときに使う。強調表現。

接続は？

名詞 ＋ は／など 毛頭ない

●注意 「つもり、気、必要、筋合い」などの限られた名詞と使うことが多い。

確認問題　正しい答えは？

植木教授：山川教授は、最近の学生をどう思われますか？
山川教授：最近の学生は時間をかけて理論を理解するつもりは毛頭ないようですよ。＿＿＿＿＿＿＿＿＿。

1　自分で理解しようとしているんです
2　時間を忘れているんですね
3　誰かが教えてくれるのを待とうとはしないんです
4　誰かが教えてくれるのを待っているんです

くだけた会話では？

〜は全然ない／〜は全くない

＊かんかん、がくがくの議論……………… 遠慮なく議論すること。

男：君らの議論を否定するつもり**は全然ない**…っていうか、活発に議論することはいいことだけど、もう少し冷静に話し合おうよ。これじゃ、喧嘩だよ。

「ない」がつく表現

10 ～をもってしても―ない

問題 ＿＿＿＿＿に入るものを選びなさい。

A：無くなったデータの復元をお願いしたいんですが、何とかなりますか？
B：そうですね…。我が社の技術をもってしても＿＿＿＿＿＿＿＿＿＿。
A：そうですか。

  1　対応できないこともございますので
  2　対応すれば安心ではありません

例文

＊ペンは剣よりも強し……………思想、言論が持つ力は、武力よりも強い。
司会者：政府は、このデモが反政府運動に拡大するのを警戒しているそうです。
解説者：そうですか、当然でしょうね。しかし、どんな強力な政府や軍隊**をもってしても**、市民の自由への欲求を潰すことはでき**ない**でしょうね。

＊薬石効なく………………………………………………薬も治療も効かない。
医者：いかなる現代医学**をもってしても**、現段階では…。
男性：ということは、父は…、余命幾ばくもないということですか。
医者：残念ですが…。

＊奢る者久しからず………権力を持ち勝手な振る舞いをする者は滅びる。
海外の豪華な別荘、何台もの高級外車、移動はファーストクラス借り切りやプライベートジェット、という豪華な生活をしていたIT企業社長は、脱税の容疑で警視庁に逮捕されました。彼の富**をもってしても**、失われた名誉は二度と取り戻すことはでき**ない**でしょう。

意味・使い方は？

～でも―ない
Aをもってしても B ない
Aは重要な人・こと・もの・状態（じょうたい）など。

接続は？

名詞
名詞の形
＋ をもってしても―ない

確認問題　正しい答えは？

A：その道の王者と言われている浅野さんをもってしても、かなわなかった相手なんですよ。アマチュアのあなたが挑（いど）んでも…。
B：じゃ、＿＿＿＿＿＿＿＿＿＿＿。
　1　必ず勝ちますね
　2　負けるはずがないんですね
　3　勝つわけにはいきませんね
　4　私が勝ったら大ニュースですね

くだけた会話では？

～でも―ない／～だって―ない

* **お山の大将** ………………… 自分が一番だと思っている人。

男性社員A：どう言えば社長に分かってもらえるかな。
男性社員B：頑固（がんこ）な社長のことだから、どんな言葉でも説得はできないだろうね。

「ない」がつく表現

11 ～にしくはない

問題

_____に入るものを選びなさい。

作成した資料は厳重に管理するにしくはないと思い、

_____。

1　パソコンだけに保存した

2　パソコンとCD両方に保存した

例文

＊水清ければ魚住まず………　潔癖すぎる人はかえって親しみにくい。

企業のトップたるもの、品行方正、頭脳明晰**にしくはない**が、そうもいかないのが現実の人間社会である。

＊五十歩百歩………　たいして差がなく、優れていないこと。

問題発言を繰り返しているあの大臣が辞任するらしい。辞任してくれる**にしくはない**が、後任がA議員であるならば、何も変わりはしないだろう。

＊備えあれば憂いなし………　準備をしておけば安心だ。

卒業論文のテーマを決め、今から資料を集めて読んでおく**にしくはない**。来年のことなどと言って、のんびりしてはいられない。

意味・使い方は？

～のほうがいい／～に越したことはない

 接続は？

動詞　普通形・現在形
い形容詞　普通形・現在形
な形容詞　普通形・現在形　　　＋　にしくはない
　　　（現在肯定　～だ）
名詞

 確認問題　正しい答えは？

・台風が接近している。こういう日は仕事を切り上げてさっさと帰るにしくはないと思うのだが、＿＿＿＿＿＿＿＿＿＿。
　1　早く帰ったほうがよさそうだ
　2　早く帰らなければならない
　3　仕事が片付いたので帰ろうと思う
　4　そんな日に限って仕事が片付かない

 くだけた会話では？

～に越したことはない

＊貧乏暇なし ………… 貧乏な人は働かなければならないので暇がない。
健康管理のためには定期健診を受ける**に越したことはない**けど、なかなか時間が取れなくてね。

「ない」がつく表現

01-11 応用問題

問題　次の文の＿＿＿＿に入る最も適当なものを1〜4から選びなさい。

（1）新薬の開発は、医学の進歩には＿＿＿＿ものです。
　　　1　もとよりの　　　　2　とんでもない
　　　3　かねない　　　　　4　欠かせない

（2）医者：今回の手術はひとまず成功しましたが、再発の可能性があることはあくまでも＿＿＿＿と思えます。
　　　1　否むべき　　　　　2　否むことなき
　　　3　否めない　　　　　4　否まない

（3）男性社員A：やっぱり、徹夜の追い込みを＿＿＿＿今回のレポートは仕上がらなかったね。
　　　男性社員B：もっと前から取り掛かるべきだったね。
　　　1　もってしても　　　2　やっていれば
　　　3　ふまえても　　　　4　もってすると

（4）「食の安全」など＿＿＿＿生活していましたが、こんなに食品に関する事件が相次ぐと、考えざるを得ませんね。
　　　1　考えながらも　　　2　考えそこない
　　　3　考えもしないで　　4　考えてこそ

（5）子育ては、「休日のない重労働」と＿＿＿＿。
　　　1　言ってもやむをえない　　2　言ってやまない
　　　3　言ったらない　　　　　　4　言っても過言ではない

(6) 仕事もせずに遊んでばかりいる人にお金を貸す気など_____。お帰りください。
　　1　あるはずなんです　　　2　ないことはないんです
　　3　毛頭ないんです　　　　4　幾分あるんです

(7) 我が国で首脳会議が開かれることになった。他国の首脳陣を迎えるにあたり、宿泊地は便利な都心_____が、警備の完璧さを求めるのが先決である。
　　1　にかかっている　　　　2　にしくはない
　　3　にのっとっている　　　4　によってだろう

(8) A：この薬には副作用があるかもしれませんが。
　　B：病気を治すためなら、多少の副作用が_____でしょう。
　　1　あっては許されない　　2　あってもやむをえない
　　3　あるはずがない　　　　4　あってしかるべき

(9) 女A：結婚したいんだけど、なかなかこれといった人がいなくて。
　　女B：望みが高すぎるのよ。高望みやめたら。
　　女A：高望みなんかしてないんだけど…。自分に合った人って_____。
　　1　いることは否めないね
　　2　いないにしくはないけどね
　　3　いないに越したことはないね
　　4　いるようでいないもんね

「ない」がつく表現

01-11 応用問題

(10) この宗教は多神教ではなく一神教ですから、信者たちは
「＿＿＿＿」と信じています。
1 我々の神はさておき神は存在する
2 神は我々の神は言うに及ばず存在するものだ
3 神は我々の神をおいてほかにはない
4 我々の神もさることながら、神はいる

(11) 男子学生Ａ：やった！　今度、彼女とデートできるかも…。
男子学生Ｂ：本当か？
男子学生Ａ：うん、「映画にでも行きましょう」って誘ったら、
彼女、＿＿＿＿。
1 映画スターよろしく答えたから
2 デートにかまけてって感じだったから
3 まんざらでもないって様子だったから
4 映画ならまだしもって様子だったから

第2章

否定形がつく表現

否定形がつく表現

12 ～ともなく

問題

＿＿＿＿＿に入るものを選びなさい。

学校の前の店でコーヒー飲みながら、外を見るともなく見ていたら、＿＿＿＿＿＿＿＿＿＿。

1　歩いている友達に声をかけた

2　友達が歩いているのが見えた

例文

＊老婆心（ろうばしん）……………………………必要以上に心配する気持ち。

電車の中で聞く**ともなく**若者の話を聞いていると、くだらない話ばかりしていた。つい、日本の将来は大丈夫なのかと心配になってしまった。

＊日曜大工（にちようだいく）……………………………休日や余暇を利用して大工仕事をすること。

休みの日には、何をする**ともなく**ブラブラしていることが多かったが、最近日曜大工を始めた。犬小屋がもうすぐ出来上がる。

＊アルキメデスの原理……………………………〈アルキメデスが発見した法則〉

女：アルキメデスはお風呂の中で、金の王冠を壊さずに、王冠が純金か否か調べる方法を考える**ともなく**考えていると、突然アイディアがひらめいたんだって。

男：「水中の物体は、その物体が押しのけた重量だけ軽くなる。」という法則だろう。

意味・使い方は？

特に意識して〜しようと思わずに〜する
AともなくAする
無意識にするというニュアンスがあり、Aには「見る」「聞く」などが入る。

接続は？

動詞　辞書形　＋　ともなく

確認問題・正しい答えは？

・久しぶりの休みで、今朝は何回か目が覚めたが、その度にまたベッドにもぐりこみ、眠るともなく眠って、＿＿＿＿＿＿＿＿＿＿。
1　だらだらとだらしなく過ごした
2　ずっと目が覚めていた
3　できるだけ眠りたくなかった
4　一生懸命本を読んでいた

これも覚えましょう！

疑問詞　＋　助詞　＋　ともなく
「いつから／どこから／どこへ／誰から／どちらから＋ともなく」などの形でも使われる。

> 男：もうすっかり秋だねえ。日が暮れるのも早くなったし、**どこからともなく**虫の声も聞こえてくるよ。

否定形がつく表現
13 ～か否(いな)か

問題 ＿＿＿＿＿＿に入るものを選びなさい。

A：低迷している世界経済の活性化は、A国の経済が立ち直るか否かにかかっています。

B：ええ、＿＿＿＿＿＿＿＿＿＿。

1　それが最も重要な点ですね

2　それは無関係ですね

例文

＊過(す)ぎたるは及(およ)ばざるがごとし……… 行き過ぎは不足と同じでよくない。

男：きのう「クローン人間を認める**か否か**」をテーマにした映画を見たよ。

女：ああ、あれね。私も見たけど、なんだか怖くなっちゃった。やっぱり人間がしてはいけないことだと思う。

＊外見重視(じゅうし)……………… 能力や性格より顔やスタイルを重視すること。

男A：最近、就職(しゅうしょく)試験のために整形(せいけい)手術をする若者が増えているらしいですね。

男B：見た目が美しい**か否か**より、内面のほうがはるかに大切だと思いますがね。

＊藪(やぶ)の中 ……関係者の言うことが食い違うなどして、真相が分からないこと。

検察は、A代議士(だいぎし)を汚職の容疑で検挙(けんきょ)しようとしていた。が、唯一(ゆいいつ)の証人(しょうにん)であった銀座物産のB部長の自殺によって、汚職があった**か否か**の解明は困難になったものと思われる。

意味・使い方は？

～か～ではないか／～かどうか

接続は？

動詞　普通形
い形容詞　普通形
な形容詞　普通形（現在肯定　～だ）
名詞　普通形（現在肯定　～だ）

＋　か否か

確認問題・正しい答えは？

A：天然資源が豊かであるか否かは、＿＿＿＿＿＿＿＿＿＿＿＿問題ですね。

B：私の国は天然資源に恵まれていないので、国の発展は政策と国民の努力にかかっています。

1　国民の努力しだいで決まる
2　その国の発展に大いにかかわる
3　政府の対策いかんで変わる
4　早急に解決しなければならない

くだけた会話では？

～かどうか／～か

* 就職氷河期 ……………… 求人が少なく就職するのが困難な時期。

外国人**かどうか**に関係なく、日本では就職事情は非常に厳しくなっているよ。

解答　問題1　確認問題　2

否定形がつく表現

14 〜ざる

問題 ＿＿＿＿に入るものを選びなさい。

彼は長年にわたる絶えざる努力で、とうとう＿＿＿＿＿＿＿＿＿＿。

　　1　司法試験に合格した
　　2　司法試験に失敗した

例文

＊自業自得……………………自分のした悪いことが自分に返ってくる。

〈業界誌の記事〉
この度、山ハ証券においてインサイダー取引を企てていたことが発覚した総務部長木村氏は、反省の意を表し何度も謝罪したものの、会社はその罪を許され**ざる**こととみなし、同氏の解雇を決定した。

＊運命の赤い糸………………関係が深い者同士は赤い糸で結ばれている。

男：また会いましたね。こんなに偶然が重なるなんて、なにか見え**ざる**力に引き寄せられているみたいですね。
女：赤い糸で結ばれているんでしょうか。

＊長いものには巻かれろ………目上の人や上司には従っていたほうが得だ。

男A：先日、社長が秘書にセクハラっぽいことを言っているのを聞いてしまったんだよ。
男B：ほんとか。だけど、そりゃ「見**ざる**、聞か**ざる**、言わ**ざる**」にすることだな。

意味・使い方は？

〜ない
かたい話し方や書き言葉に多い。

接続は？

動詞 ない形 ＋ ざる ＋ 名詞

◉注意　・「〜しない」は「〜せざる」になる。
　　　　・「神の見えざる手、帰らざる日々、許されざる者、持たざる者、招かれざる者」など、限られた動詞と共に用いられる。

確認問題・正しい答えは？

・「働かざるものは、＿＿＿＿＿＿＿＿＿＿。」というのが、貧しい家庭で育ち、努力の末に成功を収めた、勤勉で厳しい祖父の教えだった。

　　1　幸福なり
　　2　食うべからず
　　3　成功すべき
　　4　休息が必要だ

否定形がつく表現

15 〜ではあるまいか

問題 ＿＿＿に入るものを選びなさい。

ここ２週間、息子は原因不明の微熱が続いている。何か悪い病気ではあるまいかと、＿＿＿＿＿＿＿＿＿＿。

　　1　不安になってきた
　　2　心配はしていない

例文

＊必要は発明の母 …………………………… 発明は必要から生まれる。

この度K大学の研究チームが、さまざまな臓器や組織の細胞に成長する能力を秘めた「万能細胞」を、人間の皮膚細胞から作ることに成功した。これは誠に驚くべきこと**ではあるまいか**。この発明によって、不治の病気とされてきたパーキンソン病などの難病治療に明るい未来が切り開かれることが期待されている。

＊格差社会 ………… 人々の収入・生活水準などに大きな差がある社会。

世界的に経済はかつてないほど低迷し、我が国においても、職を失い住むところさえない人々が増えている。しかし、一方では、巨額な富を手に入れ贅沢な生活を送る人々も存在する。「なぜ社会はこんなに不公平なのか」というのが、一般庶民の偽らざる実感**ではあるまいか**。

意味・使い方は？

〜では（じゃ）ないだろうか／〜だろう

接続は？

動詞　普通形
い形容詞　普通形
な形容詞　普通形（現在肯定　〜な）　　＋　の　＋　ではあるまいか

名詞
名詞の形　　＋　（なの）ではあるまいか

確認問題・正しい答えは？

A：「『なぜ自分はこの世に生まれてきたのだろうか。』これは誰もが一度は抱く疑問ではあるまいか」と作者は言っているわけです。

B：つまり、＿＿＿＿＿＿＿＿＿＿＿＿。

1　みんなが疑問に感じると言っているんですね
2　誰も疑問を感じないと言っているんですね
3　疑問があるかないかを問うているんですね
4　疑問があるわけがないと言っているんですね

くだけた会話では？

〜ではないだろうか／〜じゃないだろうか

＊転ばぬ先の杖 ……………………… 失敗しないように用心すること。

そんな言い方は、失礼になる**ん**じゃないだろうか。相手を怒らせないような言い方を考えようよ。

否定形がつく表現

16 ～なら／は いざしらず

問題 ＿＿＿＿に入るものを選びなさい。

作家ならいざしらず、人々の興味を引くようなおもしろいことを書ける人は＿＿＿＿＿＿＿＿。

1　たくさんいるはずです
2　そうはいませんよ

例文

＊ニート………… 仕事も勉強もせず、親の世話を受けて生活している若者。

病気で働けない**のならいざしらず**、いい年をした若者が、仕事も勉強もせず毎日ぶらぶらしているとは情けないことだ。

＊お節介焼き……… 必要もないことに口を出したり、世話をしたりする人。

男A：あいつ、彼女と付き合いたいらしいよ。俺から彼女の気持ち聞いてやろうかな。
男B：頼まれた**のならいざしらず**、やめとけよ。

＊二度あることは三度ある
　　　　　　　　　　同じことが二度続けてあったら必ずもう一回ある。

男：また財布落としちゃった。
女：えっ、この前もそんなこと言ってなかった。一度**ならいざしらず**、今月になって二度目じゃないの？　不注意よ。
男：お恥ずかしい…。

44

意味・使い方は？

～はまあいいとしても―は駄目だ
Aなら／は いざしらず、Bは～
Aはまあいいと考えられるが、Bはいいと思えない。

接続は？

動詞　普通形
い形容詞　普通形
な形容詞　普通形（現在肯定　～だ）　　＋　なら／は いざしらず
名詞　普通形（現在肯定　～だ）
名詞の形

● 注意　「動詞」「い形容詞」は「普通形＋の＋なら」となることもある。

確認問題・正しい答えは？

・赤ちゃんならいざしらず、＿＿＿＿＿＿＿＿＿＿をだっこして、幼稚園に連れてくるお母さんが最近多いですけど、歩かせるべきじゃないでしょうか。変な現象ですね。

　1　もう一人赤ちゃん
　2　一人で歩ける子
　3　歩けない赤ちゃん
　4　赤ちゃんだけ

否定形がつく表現

17 ～は言うにおよばず

問題 ＿＿＿＿＿に入るものを選びなさい。

機械に弱い彼女は、パソコンは言うにおよばず、＿＿＿＿＿＿＿＿＿＿。

1　携帯電話だけは持っている

2　携帯電話さえ持っていない

例文

＊至れり尽くせり………注意や配慮などが、すみずみまで行き届くこと。

この会社を利用すれば、入手困難なチケットの予約やホテルの手配**は言うにおよばず**、旅先での忘れ物まで探してくれるそうだ。

＊朝市……………………………朝のうちに開かれる市場。

隣町で早朝まだ暗いうちから開かれる市場には、200軒以上の露店が並ぶ。鮮魚、青果物をはじめ、花や植木なども売られており、市内**は言うにおよばず**、市外、県外からの客も多いそうだ。

＊海賊版…………………………出版物を無断で複製したもの。

A国では、外国の音楽CDを無断で複製して販売するケースが後を絶たないらしい。有名歌手のCD**は言うにおよばず**、あまり知られていない歌手のものまであるそうだ。

＊ワイドショー……ニュース・生活・芸能情報などを取り上げるテレビ番組。

彼女はとにかく芸能情報が大好きだ。テレビのワイドショー**は言うにおよばず**、スポーツ新聞まで買ってきて芸能欄を読むらしい。

意味・使い方は？

～はもちろん、その他の―も
Aは言うにおよばずBも
Aは当然考えられること、言う必要がないことなど。

接続は？

名詞　+　は言うにおよばず

確認問題・正しい答えは？

・最近は、ビジネス文書は言うにおよず、ちょっとした
　私信までも＿＿＿＿＿＿＿＿＿＿＿。
　　1　手書きのものが多いようだ
　　2　パソコンでは打たれていない
　　3　手紙は出さないようだ
　　4　パソコンで打たれたものが多い

くだけた会話では？

～もだけど―も／～はもちろん―も

*火の車……………………………………家計が非常に苦しいこと。
男Ａ：原油価格が高騰してるんだってね。
男Ｂ：そう。だから石油製品**も**そう**だけど**、食料品とか日用品とか**も**
　　　値段が上がってるよね。このままじゃ、家計がもたないな。

否定形がつく表現

18 ～も／を かえりみず

問題
_____に入るものを選びなさい。

彼は自らの体力もかえりみず、トライアスロン世界大会に向けて練習を続けている。_____。

1　自分の体力を考えているようだ
2　倒れてしまわないか心配だ

例文

＊暴走族……………規則を無視してバイクや車を運転する若者のグループ。
周囲の迷惑**もかえりみず**、深夜に爆音を響かせてバイクを乗り回している若者たちを、警察は厳しく取り締まるべきだ。

＊会社人間………………自分を犠牲にしても会社のために働く人。
「家庭**をかえりみず**、会社人間として、休みもほとんど取らず働き続けてきたが、もう身も心も疲れ果ててしまった」と営業部の課長は語っていた。

＊善人は若死にする……………………………いい人は早く亡くなる。
彼は、農学部を卒業後、教師となり、高校で教鞭をとるかたわら、自らの健康**もかえりみず**、懸命に地域の農業指導に力を尽くしていた。しかし、若くして他界してしまった。

＊モンスター・ペアレント…………学校などに無理な要求をする保護者。
最近、教師や他の生徒たちの迷惑**もかえりみず**、自己中心的で無理な要求をする保護者が増えてきているそうだ。我が子がかわいいあまり、一方的な思い込みで無理難題を突きつけているのだろうか。

意味・使い方は？

～に気を遣わずに／～を心配せずに／～に気を配ることなしに
Aもかえりみず
Aは、本来は大事に扱うべきもの。

接続は？

名詞
名詞の形 ｝ ＋ も／を かえりみず

確認問題・正しい答えは？

・内乱の続くＡ国で、記者たちは身の危険もかえりみず
　　_____。

1　取材を諦めた
2　取材を拒否した
3　取材できなかった
4　取材を続けた

くだけた会話では？

～も考えずに／～を考えずに

＊向こう見ず ……………… 先のことを何も考えずに危ないことをすること。

男Ａ：親父ったら、スキーなんか一度もやったことないくせに、練習を始めると言い出したんだよ。60という自分の年も**考えずに**ね。
男Ｂ：ゴルフならまだ分かるけどな。
男Ａ：そうなんだ。家族みんな心配してるよ。

否定形がつく表現

19 〜も無理からぬ

問題 _____に入るものを選びなさい。

上司から無理難題を押し付けられては、温厚な松田さんが_____無理からぬことだ。

1　怒るのも
2　喜ぶのも

例文

＊一寸先は闇……………………先のことは全く分からない。
男性社員A：また、入ったばかりの社員が辞めたんだって？
男性社員B：うちの会社、将来が不安だからね。逃げ出しても無理からぬ状況だよ。

＊カード破産………クレジットカードで使った金が返済できなくなること。
男A：彼女、お金もないのにカードでブランド品を買いまくっていたよ。
男B：そうらしいね。ブラックリストに載ったのも無理からぬところだね。

＊お受験……………………有名小学校に子供を入学させること。
妻：あの方、1歳の子供をもう塾へ行かせているそうよ。
夫：1歳からというのは、ちょっとな。でも親が子供を塾に行かせるのも無理からぬところがあるね。
妻：そうよね。これだけ学歴社会なんだからね。学歴がなきゃ、いい仕事もないでしょうし。

意味・使い方は？

〜も尤もな／〜もしょうがない／〜も無理はない／〜も当然である

Aも無理からぬこと

Aは好ましくないが、まわりの状況から判断して「仕方がない／当然だ」と思うこと。

接続は？

動詞　て形
い形容詞　〜い→くて
な形容詞　〜な→で　　　　＋　も無理からぬ
名詞
名詞の形

確認問題・正しい答えは？

A：最近、都会の子供の睡眠時間が短くなったとの報告がありますね。
B：都会の生活では＿＿＿＿＿＿＿＿＿＿無理からぬことですよ。

　　1　子供が十分睡眠時間をとるのも
　　2　子供が十分睡眠をとれないのも
　　3　子供が早く寝てしまうのも
　　4　子供が早く起きたがるのも

くだけた会話では？

〜も無理ない

* **おしゃべり** ………………………… よくしゃべる人。

あの人が秘密をしゃべっちゃったって、みんなが思って**も無理ない**よね。あの人が口が軽いって、みんな知ってるし。

答え　問題１　確認問題　2

否定形がつく表現

12-19 応用問題

問題　次の文の_____に入る最も適当なものを1～4から選びなさい。

(1) A：この料理の出来は、材料が新鮮_____で決まるから、新鮮な魚を用意してください。
B：はい、これからさっそく市場へ買い出しに行ってきます。
1　かいいか　　　　　2　だったら
3　か否か　　　　　　4　であれば

(2) 見る_____窓の外を眺めていたら、大きな鳥が目の前を横切って飛んでいった。
1　こともなく　　　　2　ともなく
3　こととて　　　　　4　どころか

(3) 男：安い_____、そんな怪しげな物を100万円も出して買うなんて、信じられないよ。
1　というか　　　　　2　ものだから
3　ならいざしらず　　4　のなんの

(4) A国の政府高官たちは、貧しい国民の苦しみ_____、権力闘争ばかりしている。
1　をせずにして　　　2　もかえりみず
3　もそこそこに　　　4　よろしく

（5）ニュースキャスター：最近、添加物の多い危険な食べ物の話をよく耳にするようになりました。消費者が不安を感じ、安全な食べ物を求めるの＿＿＿＿＿ことと思えます。
　　1　も無理からぬ　　　　2　も無理やりな
　　3　も無理な　　　　　　4　も無理らしい

（6）いつもは冷静な彼も、＿＿＿＿＿どうしたらいいか分からなかったようだ。
　　1　思ったとおりで　　　2　思いたくないので
　　3　思わざる事態に　　　4　思っていたことで

（7）このような企業の危機を脱せるか否かは、リーダーの知恵と才覚にかかっている＿＿＿＿＿。
　　1　のではないだろう
　　2　のではあるまいし
　　3　のにかかわらず
　　4　のではあるまいか

（8）産業廃棄物の不法投棄は、周辺住民への迷惑＿＿＿＿＿、自然環境に重大な影響を与える恐ろしい問題である。
　　1　は言うにこと欠いて
　　2　もそこそこに
　　3　は言うにおよばず
　　4　があるからこそ

否定形がつく表現
12-19 応用問題

(9) 男：あれ、この海岸、更衣室ないみたいだぞ。ここで着替えるのかな？

女：そんなはずないでしょう。人がいない海岸＿＿＿＿＿＿、こんなに大勢いるとこで着替えるわけないじゃない。

男：そうだよな。更衣室、どこかな。

1　ならいざしらず
2　とあれば
3　ならそれまでで
4　ともなると

第3章

文を強める表現

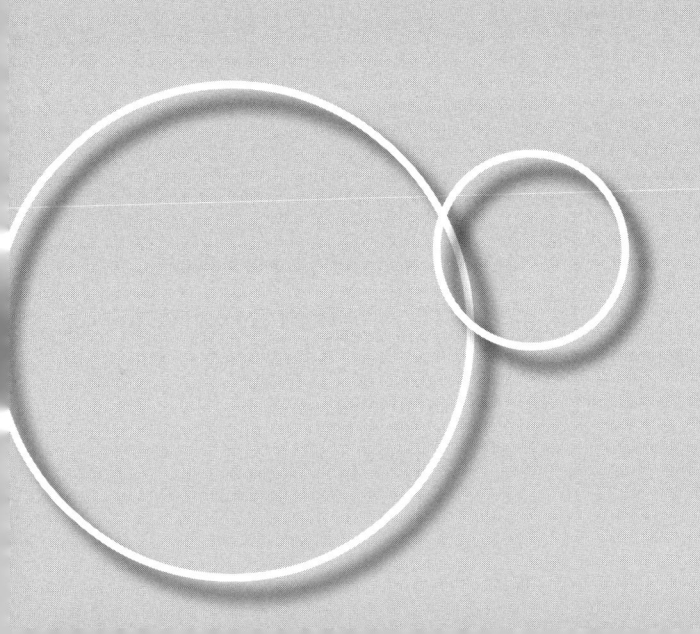

文を強める表現

20 ～てこそはじめて

問題 _____に入るものを選びなさい。

お互いに心をわって話し合ってこそはじめて、_____

のですから、よく話し合いましょう。

　　1　相手が理解できるようになる

　　2　相手が理解できない

例文

＊親の心子知らず……… 親が子供を思う気持ちは子供には分からない。

男：「ひとりで生活してこそはじめて一人前（いちにんまえ）の大人といえる」が、うちの親の口癖（くちぐせ）なんだ。
女：そうなの？　うちの親もよく同じことを言ってる。
男：まったく、うるさいったらないよな。

＊玉も磨かなければ光らない

才能ある人も努力なしに立派（りっぱ）にはなれない。

〈入社式で〉
社長：美しい宝石も、磨（みが）いてこそはじめて光るものです。磨かなければただの石と同じです。君たち若者にも自分の能力を磨き育てる努力を忘れないでほしいものです。

＊天は自ら（みずか）助くる者を助く ……人に頼らず自分で努力する者に幸せが来る。

カウンセラー：幸せは、自分で積極的に幸せになろうと努力してこそはじめて得られるものです。何もせずにただ待っているだけでは、手に入りませんよ。

意味・使い方は？

～て、ようやく―ができる

AてこそはじめてB

Aという条件があって、できなかったことができるようになる。強調表現。

接続は？

動詞　て形　＋　こそはじめて

確認問題・正しい答えは？

(1)
　A：他の国で暮らしてこそはじめて、自分の国を客観的に見られるようになるものです。
　B：それじゃ、やっぱり＿＿＿＿＿＿＿＿＿＿。
　　1　留学は免れざるものですね
　　2　国から出られないと思います
　　3　外国へ行くのは難しいですね
　　4　留学すべきですね

(2)
　これらの製品は全て手作りなんです。職人ひとりひとりの丁寧な仕事があってこそはじめて＿＿＿＿＿＿＿＿＿＿。
　　1　経験が必要なんです
　　2　素晴らしい製品が完成するのです
　　3　仕事をしたときはたいへんでした
　　4　いい製品を作るためです

文を強める表現

21 ～こそすれ―ない

問題 ＿＿＿＿に入るものを選びなさい。

親は子供を愛しこそすれ、＿＿＿＿＿＿＿＿＿＿。

1　憎むことさえある

2　憎むことなどないはずだ

例文

＊希望の星……………………………人々に夢や希望を与えるような存在。

A：何か手を打たないと、このままでは我が国の経済は、悪化**こそすれ**改善されること は**ない**ように思われますね。
B：新しい大統領に期待するしかありませんね。

＊濡れ衣………………………………………無実の罪をきせられること。

院生A：教授は君が書いた論文を読んで、教授が提唱している学説に反対していると腹を立てているそうだよ。
院生B：ええっ…、僕は教授を尊敬**こそすれ**、学説に反対した覚えは**ない**のですが。どうしてそんな…。

＊口は禍のもと………………………不用意にものを言ってはならない。

社員：先日の部長の発言は「セクハラだ」って、女子社員の間で問題になっていますね。
課長：ああ。でも、彼は軽率な発言を繰り返し**こそすれ**、悪意で物を言う人では**ない**よ。それにしても、もう少し口を慎んでもらいたいね。

意味・使い方は？

〜だが、しかし―ではない
AこそすれBない
Aを強調してBを否定。かたい話し方。書き言葉に多い。

接続は？

動詞　ます形
名詞（動作性名詞）　｝　＋　こそすれ―ない

●注意　「な形容詞（〜な→に）／い形容詞（〜い→く）＋こそすれ」
　　　　の形で使われることもある。

確認問題・正しい答えは？

（1）
オンライン上の犯罪は、今後ますます増えこそすれ、_____
と言われています。
1　増加するばかりだ
2　減少していくだろう
3　減ることはない
4　増加はありえない

（2）
彼の提案は、問題を複雑にこそすれ、_____。
1　現状は変わるだろうと思う
2　現状を解決に導くとは思えない
3　困難を解決することだろう
4　提案することは難しいだろう

文を強める表現

22 〜でこそあれ—ない

問題 ＿＿＿＿に入るものを選びなさい。

彼は誠実でこそあれ、＿＿＿＿＿＿＿＿＿＿。

1　強情で傲慢なんてことはありませんよ
2　とても強情ですよ

例文

＊憎まれっ子世にはばかる　　　　　　　　人に憎まれるような人が、世間では威張っている。

多くの国民の希望に反して、独裁政権は安泰**でこそあれ**、弱体化する兆しは見られ**ません**ね。

＊人間は万物の霊長　……………………　人間は一番高等な生き物であること。

いくら精巧にできているとしても、ロボットはただの機械**でこそあれ**、高度な知能と感情を持った人間のような存在では**ない**。

＊無用の長物　………………………………………　あっても役に立たない物。

雪国の人間にとって、雪は苦労の種**でこそあれ**、優雅に鑑賞するものでは**ない**だろう。

＊石頭　………………………………………………　頭が固く頑固なこと。

女：彼って、頑固で取っ付きにくいし、友達としては…、どうもね。
男：彼は頑固**でこそあれ**、性格が悪いということは**ない**んだから、付き合ってみたら。

意味・使い方は？

～であるが、—ない
強調表現。

接続は？

な形容詞（現在肯定　～な→で）　＋　こそあれ—ない
名詞　＋　で　＋　こそあれ

●注意　「めでたくこそあれ」のような、「い形容詞（～い→く）＋こそあれ」の形の慣用的な表現もある。

確認問題・正しい答えは？

・この度の医療法の改正は国民の健康をよりよく保つ上で、有効でこそあれ、＿＿＿＿＿＿＿＿＿＿。
　　1　有効か無効か決めかねているんです
　　2　やはり無駄だと言わざるをえません
　　3　決して無駄なものではないでしょう
　　4　決して有効とは言えません

これも覚えましょう！

こそあれ

＊意味・使い方　～はあるけれども、～はあるが　　強調表現。
＊接続　　　　　**名詞　＋　こそあれ**
＊例文
・程度の差**こそあれ**、すべての人間には欲があるものだ。
・農業は天候に左右されるという苦労**こそあれ**、収穫の喜びは大きい。
・立場の違い**こそあれ**、すべての人間には環境を守る義務がある。

文を強める表現

23 〜たらんとする

問題 ＿＿＿＿に入るものを選びなさい。

社長というものは、社員の代表たらんとし＿＿＿＿＿＿＿＿＿＿＿＿。

1　努力し続けなければならない
2　努力を忘れてしまう

例文

＊漁夫の利 ………… 人が争っている間に、別の人がうまく利益を得ること。

次のリーダー**たらんとする**大物政治家たちが、足の引っ張り合いをしている間に、その若手議員は新鮮なイメージを売り物に、国民の間で支持率を伸ばしている。

＊砂上の楼閣 ………… 基礎がしっかりしていないために崩れやすい物事。

A：その昔、この土地の征服者は支配者**たらんとする**ために、豪華な宮殿を建てて人々を従わせようとしたということです。
B：いつの世にも、同じようなことが繰り返されるものなんですね。

＊高嶺の花 ………… 眺めるだけで、自分のものにすることができないもの。

女：あの賞は、優れた小説家**たらんとする**人たちの目標となっているんでしょう。あなたも、小説を書いているんだから、頑張ってね。
男：とんでもない。僕なんかに、あんなすごい賞が取れるわけないだろう。自己満足の携帯小説を書いているだけなんだから。

意味・使い方は？

～にふさわしい存在であろうとする
Aたらんとする
Aには、素晴らしい存在、偉大な存在が入る。

接続は？

名詞　＋　たらんとする

確認問題・正しい答えは？

・優れたパイロットたらんとする者は、＿＿＿＿＿＿＿＿＿＿。
1　上司の機嫌をとるべきである
2　健康管理も万全でなければならない
3　乗客への配慮は欠けている
4　10年間も訓練を続けることはない

くだけた会話では？

～になろうとする

＊仏の顔も三度………どんなにやさしい人でも何回も悪いことをされれば怒る。

男A：僕はいい夫**になろうとして**頑張っているのに、女房は相変わらず文句ばっかり言ってるんだ。
男B：しょうがないだろう。お前は何度も浮気がばれてるじゃないか。なかなか信用してもらえないよ。

文を強める表現

24 〜たるや

問題
_____に入るものを選びなさい。

富士山頂から見る日の出の美しさたるや、_____。

　　1　一生心に残る素晴らしいものだった

　　2　期待していたほどではなかった

例文

＊神童も二十歳過ぎればただの人
子供のとき素晴らしい才能があっても、大人になると平凡な人になってしまう。

教師：8歳なのに高等数学が解けたり、Z君の頭脳**たるや**、驚くべきものだったそうですね。

母　：ええ、そうでした。あのままいけば天才だったんですけどね。

＊月とスッポン・・・・・・・・・・・・・・・・・良い物と悪い物のたとえ。

男：聞いたか。人事部の佐藤課長、今度、部長になるらしいよ。

女：へぇ。彼の昇進の速さ**たるや**、超特急なみね。

男：うん、同期入社の我々は、まだ平社員のままなのになぁ。

＊見掛け倒し・・・・・・・・・・・・・・・・・外見はいいが、中身がよくない。

女：最近、駅前にすごくお洒落なレストランができたでしょう。もう行った？

男：ううん、まだだけど、行ってみたいと思ってんだ。

女：行かないほうがいいと思うよ。昨日行ったんだけど、値段は一流レストランなみなのに、料理の味**たるや**、まったくお粗末でがっかりよ。

意味・使い方は？

～は

AたるやB

Aが表すものを強調。
Bはその性質や状態など、普通ではないこと（極端にいいか、極端に悪いこと）を表す文。

接続は？

名詞　＋　たるや

確認問題・正しい答えは？

・台風が猛威を振るう中で、人命救助に立ち向かう隊員たちの勇気たるや、＿＿＿＿＿＿＿＿。

　1　人々の勇気に値するものでした
　2　人々の賞賛に値するものでした
　3　人々がよく見るものでした
　4　それほどとは思えないものでした

くだけた会話では？

～ったら

*イケメン……………………………………カッコイイ男性。

合コンにイケメンの弁護士が来るって聞いたときのA子の喜びようったら、まるで入学試験に合格した浪人生みたいに、「ヤッター！」って叫んでたよ。

文を強める表現

25 〜とみるや

問題 ＿＿＿＿に入るものを選びなさい。

視聴率アップの好材料とみるや、各局は＿＿＿＿＿＿＿＿＿＿。

1 一斉にそのスキャンダルを放送した
2 放送するかどうかじっくり検討した

例文

＊泣き落とし……………泣いて相手の同情を買い、願いを聞いてもらうこと。

今回の選挙に立候補した山田氏は、再選が危うい**とみるや**、有権者の手を取って涙ぐむなどの「泣き落とし作戦」を取りはじめた。

＊一気呵成……………………………………すばやく物事を行うこと。

我が校のサッカーチームは、1点を先制されたにもかかわらず、落ち着いてボールをつなぎ、チャンス**とみるや**一気呵成に攻めまくり、わずか3分で逆転した。さすがだな。鼻が高いよ。

＊チンプンカンプン……………………………全く何も分からない。

女：私がフランス語が分かる**とみるや**、彼女、機関銃のようにフランス語で話しはじめたから、びっくりしちゃった。
男：へえ、で彼女の言ったこと、全部分かったのか。
女：分かるわけないでしょ。チンプンカンプン。

意味・使い方は？

～と思ったらすぐに次の行為・動作に移る

AとみるやB

Aをしたと思ったら、すぐにBをする。

接続は？

動詞　普通形
い形容詞　普通形
な形容詞　普通形
名詞　普通形

＋　とみるや

● 注意　「な形容詞」と「名詞」は「～である／～でない／～であった／～でなかった」の形になることがある。「名詞」「な形容詞」の現在肯定では「普通形　〜が」となることもある。

確認問題・正しい答えは？

・警官から拳銃を奪った少年2人は、民家の倉庫に隠れていたが、逃げ切れないとみるや＿＿＿＿＿＿＿＿＿＿。

1　次に隠れる場所はもうなかった
2　とうとう2人で逃げ切った
3　すぐに警察に自首してきた
4　すぐに倉庫から逃げた

文を強める表現

26 〜ともあろう―が

問題
_____に入るものを選びなさい。

国の代表ともあろう首相が、_____。

1　国民の立場をよく考えている
2　国民を無視した発言をするとは

例文

* 猿も木から落ちる ……………………… 専門家でも失敗することがある。
Aチーム**ともあろう**強豪サッカーチーム**が**、初戦で敗退するとは誰が予想したであろうか。選手たちも呆然と立ちすくんでいた。

* 欲の皮が突っ張る ………………………………………… 欲が深い。
「菊の花」**ともあろう**老舗**が**、ただひたすら利益を追い求め、商品の消費期限を改ざんしていたとは。しかし、そのことが発覚してからというもの、客からは見向きもされなくなり、廃業に追い込まれてしまった。

* 灯台下暗し ……… 身近なことが、かえって分かりにくいということ。
警察官**ともあろう**もの**が**、ストーカー行為をするなんて。一体警察は何をしているんだろうか。

* 策士策に溺れる ……… はかりごとを巧みにする人はかえって失敗する。
税務署長**ともあろう**人**が**、脱税容疑で逮捕されたんだって。職業柄、脱税の方法をよく知っているから、ばれないと思ったんだろうね。

意味・使い方は？

〜である—が

AともあろうBが、C

Cには「考えられないこと、信じられないこと」が入る。

接続は？

名詞 ＋ ともあろう ＋ 名詞 ＋ が

確認問題・正しい答えは？

（1）
TKホテルともあろう一流ホテルの従業員が、客に対してそんな失礼なことを言うとは＿＿＿＿＿＿＿＿＿＿。

1　とても信じられないことだ
2　当たり前のことだろう
3　不自然ではないと思う
4　信じてもよさそうだ

（2）
緊急避難場所に指定されている小学校ともあろうものが、震度5ぐらいで＿＿＿＿＿＿＿＿＿＿…。地震国日本なのに、どうしてそんなビルを建てたんだろう。

1　壊れないとは
2　壊れないはずがない
3　壊れる心配があるとは
4　壊れる心配がないとは

文を強める表現

27 ～などもってのほか

問題 ＿＿＿＿に入るものを選びなさい。

家賃を払えない者が飲みに行くなどもってのほかだ。＿＿＿＿＿＿。

1　飲みになんか行くな

2　飲みに行ってもいいだろう

例文

＊リストラ……………会社のコスト削減のために社員を辞めさせること。

息子：うちの車、もうぼろぼろだから買い替えようよ。もっとでっかいのにしない？

母　：お父さんが会社を首になって明日からの食べ物さえ心配なときに、新しい車が欲しい**などもってのほか**ですよ。

＊信号無視………………………………交通信号を守らないこと。

警官：最近事故が多発しています。車を運転する方は交通規則をきちんと守ってください。駐車違反でさえ事故のもとになるんです。まして信号無視**などもってのほか**です。

＊でっち上げ………………ないことをあるように作り上げること。

新聞で報道された「傷つけられたサンゴ」のニュースは、実は新聞社のカメラマンが自らサンゴに傷をつけ、写真に撮り、記事にしたものだったと判明した。真実を正確に伝えるべき報道関係者が、自然を傷つけてニュースを捏造する**などもってのほか**である。

意味・使い方は？

～は絶対によくない／～は非難すべきことだ

接続は？

動詞　普通形
い形容詞　普通形
な形容詞　普通形
名詞　普通形
　　　　　　　　　　＋　などもってのほか

● 注意　「名詞」の現在肯定では「普通形　～だ」となることもある。
「～などとはもってのほか」と使う場合もある。

確認問題・正しい答えは？

・この忙しいときに1週間休みたいなどもってのほかだよ。
　　＿＿＿＿＿＿＿＿。
　1　1週間ならいいよ
　2　休まれたら困るよ
　3　休んでいいよ
　4　いいチャンスだ

くだけた会話では？

～なんてもってのほか

＊人生、山あり谷あり ………… 人生はいいときもあれば悪いときもある。

男：君の悩みはよく分かったよ。でもな、そんなことで自殺を考える**なんてもってのほか**だよ。そんなに落ち込むなよ。

解答　確認問題　2

文を強める表現

28 〜ならまだしも

問題 _____に入るものを選びなさい。

男：凸凹道ならまだしも、_____。恐かったぜ。

　　1　つるつるに凍った山道を車で走ったんだ
　　2　まっすぐな道を車で走ったんだ

例文

＊絵にかいた餅…………………言葉だけで、現実には役に立たないもの。

妻：子供が生まれたら、あなたも2週間ぐらい育児休暇取れる？
夫：大企業**ならまだしも**、うちみたいな中小企業ではとても無理。
　　取れないよ。今までに取った人いないよ。
妻：法律では取れることになってるのに。

＊出藍の誉れ………………………弟子のほうが先生より優れるということ。

女：松本先生、また、漢字間違えたそうですよ。
男：学生が間違える**ならまだしも**、先生が間違えるなんて、困った
　　もんだ。
女：あのクラスでは、学生のほうが先生より優秀なんですよね。

＊君子危うきに近寄らず

　　　　　　　　　賢い人はすすんで危険に近づくようなことはしない。

名前だけ**ならまだしも**、初対面の人に住所や電話番号まで教えるのはやめたほうがいい。どんな人か分からないから危険だ。

意味・使い方は？

～ならなんとか我慢できるが、―は
～のほうがまし

Aならまだしも B

AもBも不満だが、AのほうがBよりまだいい。
Bには我慢できないことなどが入る。

接続は？

動詞　普通形
い形容詞　普通形
な形容詞　普通形（現在肯定　～だ）　　＋　ならまだしも
名詞　普通形（現在肯定　～だ）

確認問題・正しい答えは？

男：また、区役所のパソコンから個人情報が漏れたらしいな。
女：一度ならまだしも、＿＿＿＿＿＿＿＿＿個人情報が漏れるって、
　　不安よね。

　　1　たまにしか
　　2　一度
　　3　ぜんぜん
　　4　何回も

文を強める表現

29 ～もあらばこそ

問題
_____に入るものを選びなさい。

年末年始の時期は、休む暇もあらばこそ、開店時間から閉店まで、_____。

1　働きづめだった
2　ずっと休んでいた

例文

＊親しき仲にも礼儀あり……………親しい仲であっても礼儀は守るべきだ。

男：日頃から厚かましいやつだとは思っていたが、昨日なんか夜遅く訪ねてきて、遠慮も何もあらばこそ、人の部屋に上がり込んで泊まっていったんだ。翌朝、あたふたと出ていったよ。

＊手前味噌……………………………………自慢すること。

男：10年ぶりに会ったのに、彼は挨拶する間もあらばこそ、自分の成功談を自慢げに語りはじめた。10年も経つと人は変わるもんだ。

＊世知辛い世の中……………………………厳しく、打算的な社会。

〈出版記念パーティーで〉
社長：思いやりも心の余裕もあらばこそといった現代社会だからこそ、人の情けや情緒をテーマにしているこの作品が、多くの皆様に読んでいただけることを願う次第であります。

意味・使い方は？

〜など、まったくない
Aもあらばこそ
Aがほとんどない状態であるということを強調。

接続は？

名詞 ＋ もあらばこそ

確認問題・正しい答えは？

（1）
その昔、この地域に伝染病が流行し、治療の術もあらばこそ、何百人という村人が＿＿＿＿＿＿＿＿＿＿とか。
　　1　治療を受けた
　　2　術を知っていた
　　3　亡くなった
　　4　良くなった

（2）
授業参観の日、周囲への配慮もあらばこそ、＿＿＿＿＿＿＿＿＿＿母親たちがいるそうだ。
　　1　静かに授業を見ている
　　2　大きな声で雑談している
　　3　声をひそめて話す
　　4　エチケットを知っている

確認問題　（1）3　（2）2

文を強める表現

20-29 応用問題

問題　次の文の＿＿＿＿に入る最も適当なものを1〜4から選びなさい。

（1）A：社員全員の協力があって＿＿＿＿、この企画は成功するでしょう。
　　　B：それでは、まず、主だった社員のコンセンサスを得ておきましょう。
　　　　1　たるや　　　　　　2　こそすれ
　　　　3　こそはじめて　　　4　とみるや

（2）親鳥は、ひな鳥に自分で餌をとる力が備わった＿＿＿＿、巣から飛び立たせるのである。
　　　　1　こととみえ　　　　2　とみるや
　　　　3　か否か　　　　　　4　ことに

（3）居酒屋で客同士が何やら言い合っていたが、止める間も＿＿＿＿、喧嘩が始まった。
　　　　1　あるまいか　　　　2　かえりみず
　　　　3　そこそこに　　　　4　あらばこそ

（4）男：治る病気＿＿＿＿、治らない病気で入院するなんて、つらいだろうな。
　　　　1　でもましなら　　　2　でも
　　　　3　ならまだしも　　　4　にもまして

(5) 有名な森三郎＿＿＿＿＿＿ベテラン歌手が、歌詞を間違えて、1番と2番をごちゃまぜにして歌ったらしいよ。
　　1　からある　　　　　　2　にしくはない
　　3　しかない　　　　　　4　ともあろう

(6) その科学者の研究に対する集中力＿＿＿＿＿＿、なみの人間には真似ができないものだ。
　　1　たるや　　　　　　　2　とみると
　　3　にのっとり　　　　　4　はさておき

(7) そんな小さい子供を、一人で留守番させるなど＿＿＿＿＿＿。
　　1　欠かせない　　　　　2　もってのほかだ
　　3　もってこいだ　　　　4　まだしもだ

(8) 相手選手に対してルール違反の攻撃を続けたそのボクサーの態度に、観客は＿＿＿＿＿＿、決して誉める者はいなかった。
　　1　非難たりとも　　　　2　非難さえなく
　　3　非難こそすれ　　　　4　非難のみあり

(9) この時代に企業のトップ＿＿＿＿＿＿なら、社員への手本となり身を削る覚悟を持つことが必要だ。
　　1　ならまだしも　　　　2　はさておく
　　3　にしくはない　　　　4　たらんとする

文を強める表現

20-29 応用問題

(10) この度の医療法の改正は、国民生活の安全を目指す上で＿＿＿＿＿、決して無駄なものではないでしょう。
    1 無効ですらあれ　　　2 有効でこそあれ
    3 無効になればこそ　　4 有効になったなら

(11) 市民の安全を守るべき警察官がストーカー行為など＿＿＿＿＿。
    1 しないわけがない　　2 あるまいか
    3 するしかない　　　　4 もってのほかだ

第4章

動詞「ます形」に続く表現

動詞「ます形」に続く表現

30 〜そこなう−1

問題 ＿＿＿＿に入るものを選びなさい。

ピッチャーがボールを投げそこなったため、＿＿＿＿＿＿＿＿＿＿。

 1 ボールが届かなかった

 2 ボールがよく飛んだ

例文

＊九死に一生を得る……………………危ないところで奇跡的に助かる。

A：山道で運転手がハンドルを切り**そこなって**、あっという間にバスが谷に転落したんだって。
B：それで乗客は、どうなったの？
A：それが、みんな…。でも、たった1人、5歳の女の子だけが奇跡的に助かったんだって。

＊隣の花は赤い………………………他人のものはなんでもよく見える。

山本：キムさんは、「どうぞ」を発音し**そこなって**「どうじょ」と言ってしまうことをとても気にしていて、発音がいいアンさんがうらやましいって。
アン：そうですか。私から見れば、あんなにペラペラ話せるキムさんが、うらやましいのに。

＊人を買いかぶる……………………………人を実際より高く評価する。

男：どうやら私は彼を見**そこなっていた**よ。有能だと思って雇ったのに、こんな簡単な仕事もちゃんとできないなんて。

意味・使い方は？

～することに失敗する

Aそこなう

A（動作など）がうまくできない様子を表す。

接続は？

動詞 ます形 ＋ そこなう

確認問題・正しい答えは？

（1）

A：電車の中で宿題をしていたら、揺れて何度も字を書きそこなっちゃた。

B：それじゃあ、_____。

1　電車の中がいいよね
2　早く出せば先生が喜ぶよ
3　きれいに書けてよかったね
4　書き直したほうがいいよ

（2）

A：彼女、彼とキャッチボールをしたんだって。

B：へぇ、あの運動神経ゼロの彼女が…。

A：そうしたら、彼の投げた球を受けそこなって、彼女_____。

1　小指の骨を折ってしまったんだって
2　上手に投げ返したんだって
3　足が痛くなったんだって
4　彼を好きになっちゃたんだって

動詞「ます形」に続く表現

31 ～そこなう－2

問題 _____ に入るものを選びなさい。

男：毎日忙しくて、ゆっくり食事をする時間もないんだ。今日も昼めし食べそこなって_____。

　　1　食事したくないよ
　　2　お腹がペコペコだよ

例文

＊一日千秋の思い……………………………………待ち遠しく思う。

女A：なんだか、あなた、今日は朝から落ち着かないわね。
女B：今夜が私の大好きなテレビドラマの最終回なんだ。見**そこなっ**たら大変だから、仕事が終わったらすぐうちに帰らなくちゃ。
女A：えっ、それで朝からそわそわしながら終業時間を待っているわけ？

＊逃した魚は大きい
　　　　　　　　　手に入れられなかった物は価値があるように思える。

男：どうしたんだ、つまらなそうな顔して。
女：バーゲンで、狙ってたセーターを買い**そこなっ**ちゃったのよ。ああ、もっと早く行けば買えたのに…、悔しい！

＊後の祭り………………………………………時機遅れで、無駄なこと。

男A：遅かったね。もう社長のスピーチは終わっちゃったよ。
男B：残念、聞き**そこなっ**たか。社長、怒ってたかな？
男A：もちろん、カンカンだよ。

意味・使い方は？

〜する機会を逃す
A そこなう
Aには、しようと思うことが入る。

接続は？

動詞 ます形 ＋ そこなう

確認問題・正しい答えは？

（1）
女：昨日は、電車の人身事故のせいでコンサートに遅れて、一番好きな曲を聞きそこなっちゃったのよ。
男：それは、＿＿＿＿＿＿＿＿＿＿＿＿。
　1　聞けなかったね　　2　残念だったね
　3　危なかったね　　　4　怖かったね

（2）
男子学生：昨日の試験、受けそこなったよ。
女子学生：年に一度しかないあの試験？　大丈夫なの？
男子学生：うん、＿＿＿＿＿＿＿＿＿＿＿＿。
　1　来年また頑張るよ
　2　合格するといいな
　3　できはよくなかったけど
　4　今年受けたら、来年は受けなくてもいいから

動詞「ます形」に続く表現

32 〜がい が ある／ない

問題 ＿＿＿＿ に入るものを選びなさい。

男性教師：このクラスの学生は、教えがいがあるな。
　　　　　＿＿＿＿＿＿＿＿。

1　こんなに早く覚えるなんて
2　教える意欲がなくなるよ

例文

＊自業自得……………………自分のした悪いことが自分に返ってくる。

野球解説者：球団の幹部は、最近の若い選手は育て**がいがない**と言っていますね。ちょっと上手になるとアメリカに行っちゃうから。
野球評論家：そうですか、でも若い選手を批判する前に、自分たちの指導力とか、選手の待遇とかを考えたほうがいいのではと思いますが。
野球解説者：そうですね。球団がこのままの体質では、選手が嫌になっても当然ですよ。

＊一難去って、また一難……………………次々と問題が起きる。

10年前に地震で家が全壊しました。その後、苦労に苦労を重ねて、やっと家を建て直したと思ったら、今度は台風で畑が全滅しました。その上、今年は金融危機で銀行からの融資も断られ、生活は打撃を受けています。現在70歳です。苦労**しがいがない**人生です。

意味・使い方は？

～して、いい結果が でる／でない

接続は？

動詞 ます形 ＋ がいがある／ない

確認問題・正しい答えは？

・遺伝子組み換え技術は、まだスタートしたばかりの新しい技術なので、技術開発上の困難も多いのですが、研究のしがいがあります。
＿＿＿＿＿＿＿＿。
1　するのが嫌になりました
2　努力は必要ないのです
3　生活に役立つと信じていますから
4　誰にも疑問点を聞けないのです

これも覚えましょう！

名詞 ＋ の ＋ かいがある／ない

「奮闘努力**のかいもなく**、今日も涙の日が暮れる」と歌ったのは、日本中の映画ファンに愛された「男はつらいよ」の主人公の寅さんです。寅さんはダメ人間で、努力**のかいもなく**、いつも失敗を繰り返す愛すべき主人公です。

動詞「ます形」に続く表現

33 〜つける／〜つけた／〜つけない

問題
_____に入るものを選びなさい。

男：昨日、1年ぶりに大掃除をしたんだけど、やりつけないことをしたので、今日は_____。

1　腰が痛いよ

2　とてもきれいになったよ

例文

＊お袋の味 ･･････････････････････････････････････ 母親が作った料理の味。

子：いろいろな店で食べたけど、やっぱりカレーは我が家のが一番おいしいね。
母：そんなに誉めても、何も出ないわよ。
子：まあ、食べ**つけている**からだけかもしれないけどね。

＊夫婦喧嘩は犬も食わない

夫婦喧嘩は他人が関わるものではないということ。

男：きのう山田さんの家に遊びに行ったんだけど、夫婦喧嘩が始まっちゃってね。あんまり激しいんで、びっくりしちゃったよ。
女：へえ、それじゃ、お子さんたちがかわいそうね。
男：それがね、いつも見**つけちゃっている**らしくて、平気な顔してたよ。二人も喧嘩が終わったら、けろっとした顔で、また仲良くしてるし。

意味・使い方は？

～なれている

Aつける／Aつけた／Aつけない

いつもAするのに慣れている。Aは何回もして習慣になっていること。

● 注意 「～つけた＋名詞」「～つけない＋名詞」の形もある。

接続は？

動詞 ~~ます形~~ ＋ つける

確認問題・正しい答えは？

A：昨夜のパーティーでテキーラが出されて、珍しいからちょっと飲んでみたんだけど、今日は頭がガンガンするよ。

B：やっぱり、飲みつけないものは、＿＿＿＿＿＿＿＿＿＿。

1　飲んでみたほうがいいよ
2　飲むわけがないね
3　飲まざるをえないね
4　飲むべきじゃないね

くだけた会話では

～なれている

＊馬子にも衣装……よい服装をすると人の品格まで良く見えるということ。

父親：お前も今日から社会人だな。
息子：うん。でも、ネクタイなんかし**なれていない**から、なんか肩が凝るよ。
父親：仕方がないだろう、会社へ行くんだから。せめて格好だけでも、それらしくしなくちゃ。

動詞「ます形」に続く表現

34 ～まくる

問題 ＿＿＿に入るものを選びなさい。

男：彼は保険会社に入社してからというもの、保険に加入してくれる人を探して、親戚や友人などに勧誘の電話をかけまくっているみたいだ。＿＿＿＿＿＿＿＿かけたらしいよ。

1　昨日なんか、30軒も
2　もう3軒も

例文

・＊運を天に任せる ………………………… 事の成り行きに従う。

男Ａ：いよいよ入試だね。
男Ｂ：朝から緊張し**まくってる**よ。どんな問題が出るのか心配だな。でも、ま、運を天に任せて、頑張るしかないな。

・＊天は二物を与えず ……… 一人の人間が二つ以上の才能を持つことはない。

女Ａ：彼ったら、もて**まくってる**みたいね。学校中の女の子がきゃあきゃあ騒いでるらしいじゃない。
女Ｂ：うん。かっこいいからね。でも勉強はぜんぜんよ。

・＊ミリオンセラー ……… 1年間に100万部以上の売り上げを記録した作品。

営業の男Ａ：うちのバンドのＣＤ、売れ**まくってる**ぞ。
営業の男Ｂ：ミリオンセラーになるかもな。ボーナス期待しようぜ。

意味・使い方は？

盛んに〜をする／勢いよく〜をする

接続は？

動詞 ~~ます形~~ ＋ まくる

確認問題・正しい答えは？

（1）
男：昨日、送別会で一晩中飲みまくったよ。
女：＿＿＿＿＿＿＿＿＿＿。
1　あんまり飲まなかったのね
2　だから二日酔いなのね
3　飲みたくなかったのね
4　それじゃ二日酔いにならないね

（2）
監督：相手は手強いぞ。どんどん攻めまくれ。
選手：じゃ、＿＿＿＿＿＿＿＿＿＿。
1　守りに重点をおいて試合に臨みます
2　相手の出かたを見てからにします
3　積極的に攻めていきます
4　攻めることはあまり考えません

動詞「ます形」に続く表現

35 ～ようによっては

問題

_____に入るものを選びなさい。

マスコミ報道は必要なものですが、取り上げようによっては_____。
マスコミ界の人は、そのことを忘れてはいけません。

　　1　誰にとっても非常に便利です
　　2　人を傷つける刃物になることもあります

例文

＊ものも言いようで角が立つ……　表現によって、人の受け取り方も違う。

女A：同僚に話し方のきつい人がいて、取り**ようによっては**喧嘩を売ってきているような感じで話すのよ。この間も、私のそばを通るとき、「どいて」と言ったの。

女B：ひどいよね。「ごめん」とか、「ちょっと通して」とか、もっと違う言い方があるのにね。

＊禍転じて福となす……………　不幸を幸せになるチャンスとする。

A：今回の金融危機は100年に一度と言われているほどで、銀行や大企業さえも倒産の危機にあるって。

B：これから、どうなるんだろう。

A：誰にも分からないね。ただ、考え**ようによっては**、これは金融システムの改善や、企業が長期的な成長戦略を立て直すきっかけにもなるから、チャンスと見ることもできるんだけどね。

B：そうだろうか。心配だ。

意味・使い方は？

～方／～方法では―
Aようによっては B
A（方法）によってB（結果）が影響を受けたり、変わったりするという表現。

接続は？

動詞 ます形 ＋ ようによっては

確認問題・正しい答えは？

女：写真撮って。
男：オッケー。
女：きれいに撮ってよ。
男：え？　まあ、撮りようによっては、＿＿＿＿＿＿＿＿＿＿。
　　1　きれいに撮るつもりはないけど
　　2　きれいに撮れないこともないけど
　　3　きれいに撮ってもいいけど
　　4　きれいなようで、きれいじゃないけど

くだけた会話では？

～方によっては

＊税金どろぼう……………………税金を無駄に使ってしまう人。

政府のやってる工事は、**やり方によっては**、半分以下の予算でできるんだって。

動詞「ます形」に続く表現

30-35 応用問題

問題　次の文の＿＿＿＿＿に入る最も適当なものを1〜4から選びなさい。

（1）男：俺、就職決まったし、宝くじには当たるし、彼女もできた。
　　　女：つき＿＿＿＿＿ね。
　　　　　1　そこなってる
　　　　　2　ぶってる
　　　　　3　じみてる
　　　　　4　まくってる

（2）女：いつも使っている歯ブラシ、売ってないけど、違うのを買っていく？
　　　男：じゃあ、いらない。やっぱり＿＿＿＿＿ものがいいから。
　　　　　1　使ってみる
　　　　　2　使ったところの
　　　　　3　使いつけた
　　　　　4　使い捨てた

（3）男　：クリスマスケーキ、一つください。
　　　店員：お客様、申し訳ありませんが、もう売り切れてしまいました。
　　　男　：しまった…、ケーキを＿＿＿＿＿なんて言ったら、子供たちに怒られるよ。
　　　　　1　買い戻した
　　　　　2　買いそこなった
　　　　　3　買いました
　　　　　4　買いたかった

（4）国家がいかに＿＿＿＿＿存在であっても、世界的な食糧危機のような場合には、一国の政策だけでは解決できないこともある。

　　　1　頼りじみた
　　　2　頼りがいのある
　　　3　頼りがいのない
　　　4　頼りそこなう

（5）男：君にも料理ができるの？
　　　女：＿＿＿＿＿。私にだって、カレーくらい作れるわ。

　　　1　見そめないでよ
　　　2　見そこなってよ
　　　3　見そこなわないでよ
　　　4　見おとさないでよ

（6）会社が倒産して、転職を余儀なくされた。当初は落ち込んだが、この転職は＿＿＿＿＿プラスにも取れることに気が付いたので、希望を持って頑張ろうと思う。

　　　1　考えてこそはじめて
　　　2　考えようによっては
　　　3　考えにかこつけて
　　　4　考えもしないで

動詞「ます形」に続く表現
30-35 応用問題

（7）男性記者Ａ：記者会見の時間を間違えて、首相のインタビューが取れなかったんだ。
　　　男性記者Ｂ：そんな大事なインタビューを＿＿＿＿＿なんて編集長に知れたら、ただじゃすまないだろうな。
　　　男性記者Ａ：どうしよう…、首になったら。
　　　　1　取りそこなわれた
　　　　2　取りそこなわせた
　　　　3　取りそこなわない
　　　　4　取りそこなった

第5章

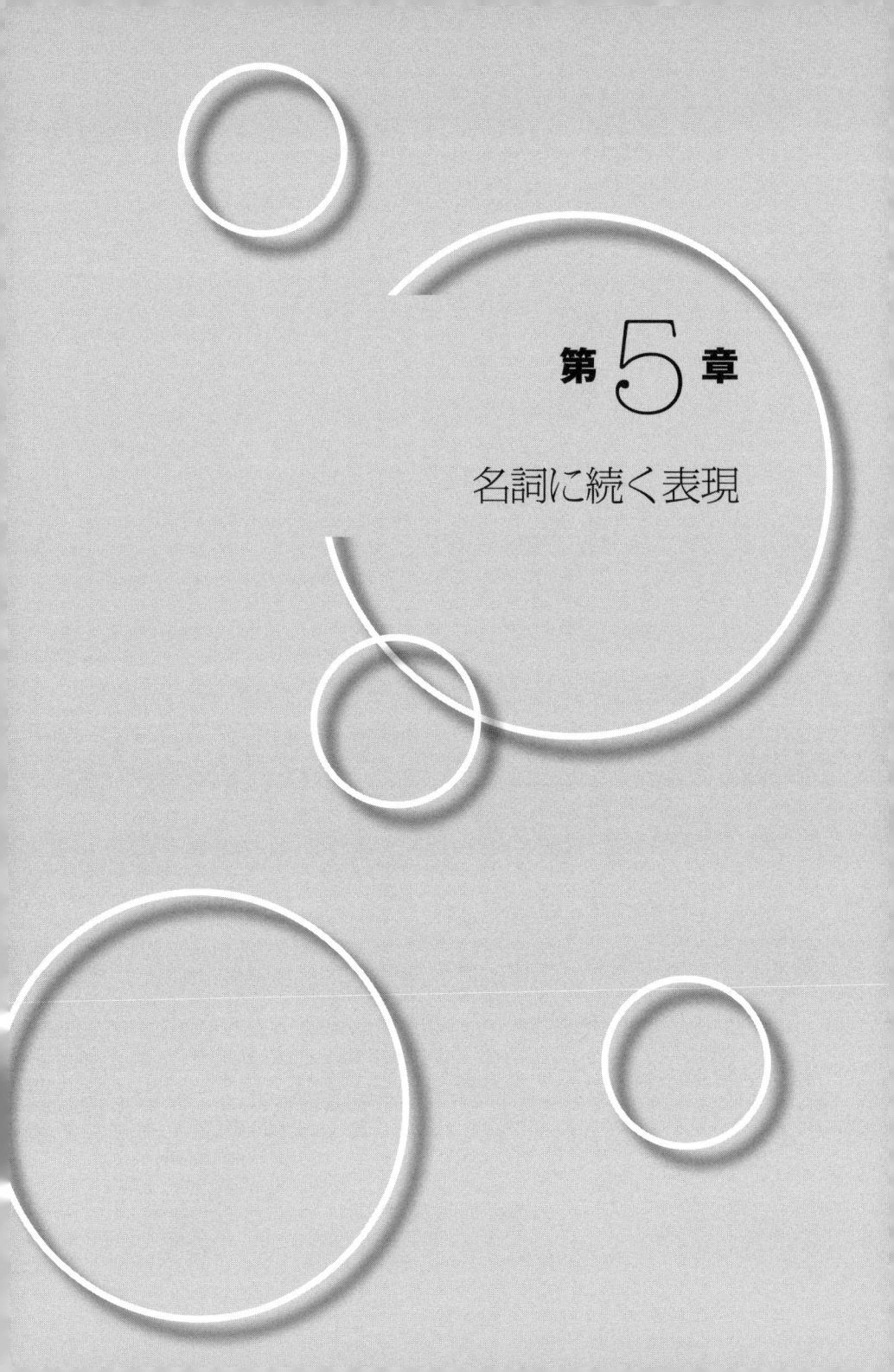

名詞に続く表現

名詞に続く表現

36 〜なみ

問題 _____に入るものを選びなさい。

女：彼のスキーの腕前はプロなみよね。

男：そうだね。_____。

  1　たいしたことないね

  2　すごいな

例文

＊ハケン……………………正社員ではない、派遣会社から派遣された社員。

A社は政府の方針に従い、正社員**なみ**の仕事をしている派遣社員の待遇を見直すことに決定した。

＊閑古鳥が鳴く………………客が来なくなり、商売がはやらない様子。

地元の商店街は、スーパー**なみ**の低価格で販売しているにもかかわらず、駅前にできた大型スーパー「SKY」の影響で客数が激減し、収益も例年の半分以下となってしまった。

＊犬は人につき、猫は家につく…………犬は人が好き、猫は家が好き。

A：うちの猫、入院してるんだけど、家に帰りたくてニャーニャー鳴いてるらしいよ。毎日採血したり検査したりするんだって。

B：へえ、人間**なみ**だね。

A：でも入院費は一日1万円で、人間以上だよ。

意味・使い方は？

〜と同じくらい
同じ程度であることを表すときに使う。

接続は？

名詞 ＋ なみ

確認問題・正しい答えは？

A：田中さんはネイティブなみの発音で英語を話すよね。
B：うん、＿＿＿＿＿＿＿＿。
1　発音あまり上手じゃないけどね
2　顔を見なければ外国人かと思ってしまうよ
3　英語はあまり得意じゃないんだね
4　ネイティブのようになるには、もっと練習しないと

これも覚えましょう！

「人なみ」「月なみ」

* **人なみ** ……………………… 普通の人と同じであること。

長い入院生活から開放されて、やっと**人なみ**の生活ができるようになった。

* **月なみ** ……………………… ありふれていて、つまらないこと。

A：サッカーを始めたきっかけは何ですか。
B：**月なみ**ですが、友人に誘われて始めました。

名詞に続く表現
37 〜にかかっている

問題 ＿＿＿＿に入るものを選びなさい。

A：この試合で優勝できるかどうかは、チームワークにかかってるよ。

B：＿＿＿＿＿＿＿＿＿。

　　1　チームワークがよければ勝てるね

　　2　チームワークは問題じゃないからね

例文

＊「少年よ大志を抱け。」
　　　　　　「若者たちよ、大きな志を持ちなさい」という言葉。

この国の将来は、君たち若者**にかかっている**んですよ。頑張って勉強してください。期待してますよ。

＊風前の灯火 …………………… 危険が迫っていること。

多額の負債をかかえ倒産寸前の我が社が生き残れるかどうかは、今後どのようなリストラを行うか**にかかっている**のです。

＊ちりも積もれば山となる ……… 小さな物でも集まると大きな物になる。

地球温暖化防止は、私たちの小さな実践**にかかっています**。電気をこまめに消すとか、冷房をかけ過ぎないとか、気軽にできることから始めましょう。一人一人のこうした小さな行いが、CO_2排出量を大幅に削減することになるのです。

意味・使い方は？

～しだいで決まる
Aにかかっている
Aの考え方や行動、言葉などによって状況が決まる。

接続は？

名詞 ＋ にかかっている

●**注意** 前に「～かどうか」「～か否か」などが来ることが多い。

確認問題・正しい答えは？

（1）
A国とB国の首脳会談が行われるかどうかは、B国側の出方にかかっている。＿＿＿＿＿＿＿＿＿＿。
　　1　B国はA国の決定を待っているところだ
　　2　A国は返事を遅らせるつもりだ
　　3　A国はB国の決定を待っているところだ
　　4　A国もB国も会談を開く予定はない

（2）
A：日本の将来は、構造改革が成功するか否かにかかっていますよね。
B：そうですね。＿＿＿＿＿＿＿＿＿＿。
　　1　成功しても変わらないでしょうね
　　2　ぜひ成功してほしいですね
　　3　あまり関係ないですね
　　4　成功を期待してはいけません

名詞に続く表現

38 せめて〜なりとも

問題 ＿＿＿＿に入るものを選びなさい。

男：この土地の自然は素晴らしい。一生ここで暮らしたいくらいだが、そうもいかない。せめて＿＿＿＿なりとも、ここでの滞在を楽しみたいものだ。

　　1　50年
　　2　1か月

例文

＊アイドル追っかけ……………アイドルを追って移動するファン。

〈現場中継〉
アナウンサー：こちらは、アイドルのSMIPの公演会場前です。チケットは、すでに売り切れです。しかし、会場の前には中に入れないたくさんのファンが「**せめて一目なりとも**SMIPを見たい！」と、彼らがくるのを待っています。以上、コンサートの会場前から、中継でお届けしました。

＊若者は宇宙人………若者の考え方は年配の人には理解不能ということ。

新入社員：部長、この仕事は僕には無理です。他の人に頼んでくれませんか。
部　　長：君、そういうことは、**多少なりとも**努力をしてから言ってくれ。まず、やってみたらどうだね。
新入社員：そうですか。じゃ、会社辞めさせてもらいます。
部　　長：えっ！

意味・使い方は？

(—は無理なので)、〜だけでもいいから
(Aは無理なので)、せめてBなりとも
Bには最低の希望、条件などが入る。

● **注意** 文末には「〜てください」「〜たい」などの依頼や希望の表現がくる。「せめて」を省略する場合もある。

接続は？

せめて ＋ 名詞 ＋ なりとも

確認問題・正しい答えは？

・世界中の全ての遺跡を見て回ることは無理だと分かっているが、せめてその一部なりとも_____。

1　自分の目で見てみたい
2　見たいとは思わない
3　自分の目で見るのは無理だ
4　世界中の人に見られたい

くだけた会話では？

せめて〜だけでも

＊騒音規制法　……………………　生活環境を守るため騒音を取り締まる法律。

住　人：管理人さん、隣の部屋のピアノがうるさいんです。やめさせてください。
管理人：「ピアノを弾くな」とは言えませんし…。
住　人：でしょうけど…、**せめて注意だけでも**してくださいよ。

名詞に続く表現

39 〜ぶる

問題 ＿＿＿＿に入るものを選びなさい。

女：彼っていい人ね。

男：いい人ぶってるだけなんだ。本当は＿＿＿＿＿＿＿＿＿＿。

　　1　すごくいいやつだよ

　　2　我がままで勝手なやつだよ

例文

＊鼻持ちならない……………………我慢できないほどいやな感じ。

男A：あの男、政治についての本も書いてるし、テレビにもよく出てるよな。

男B：そうだね。でも専門家**ぶってる**けど、たいしたこと言ってないよ。テレビ局も、よくあんなの出すよな。

＊自分のことは棚に上げる……………自分のことは問題にしない。

男：大学の先輩がさあ、兄貴**ぶって**説教ばっかりするんだ。遊んでばかりいないで、勉強しないと後で困るぞとか…。

女：その人はどうなの。よく勉強してるの。

男：それが、留年しそうなんだって。人のおせっかい焼いてる場合じゃないよな。

＊ばれる………………………………隠していた悪いことが現れる。

男：あいつ、上品**ぶってる**けど、ちょっと付き合ってみたら、言葉遣いは悪いし、常識はないし、礼儀作法は知らないし。本当のことを知ってびっくりしたよ。

意味・使い方は？

本当は〜ではないのに、〜のふりをする。
Aぶる
Aではないのに、Aのように行動する。

接続は？

名詞　＋　ぶる

◉**注意**　「い形容詞」「な形容詞」に付くこともあるが、その場合は「偉ぶる」「悪ぶる」「深刻ぶる」など、限られたものと使うことが多い。

確認問題・正しい答えは？

(1)
男A：あいつ悪ぶってるけど、本当は＿＿＿＿＿＿＿＿＿＿。
男B：うん、俺もそう思うな。
　　1　真面目でいいやつなんだよな
　　2　真面目じゃないし、ほんと悪いよ
　　3　実に悪いやつなんだよね
　　4　実際、真面目じゃないんだよな

(2)
彼女、深刻ぶってしゃべっているが、＿＿＿＿＿＿＿＿＿＿。
　　1　深刻な問題があるようだ
　　2　たいした問題ではなさそうだ
　　3　深刻にならざるをえないだろう
　　4　難しい問題のようだ

名詞に続く表現

40 ～もそこそこに

問題 _____に入るものを選びなさい。

母：寝坊した息子は、朝食もそこそこに出かけて行ったが、今頃_____。

1　お腹をすかせているだろう
2　お腹がいっぱいだろう

例文

＊**泥のように眠る**…………………………疲れ果てて死んだように寝る。

ワンゲル部の夜間登山訓練から帰ってきた日は、荷物の整理**もそこそこに**、すぐに布団にもぐり込み、翌日の昼過ぎまで眠ってしまった。どんな訓練も疲れるが、特に夜間訓練はへとへとになる。

＊**朝練**……………部活動などで、学生が、朝、授業の前に行う練習。

野球部の部員たちは、毎日早朝の練習が終わると、汗をふくの**もそこそこに**制服に着替えて、教室に駆け込む。いつもホームルームの時間にぎりぎりセーフだ。

＊**猫の手も借りたい**………………………………非常に忙しい状況。

いつもはコーヒーを飲んでから仕事につくのだが、納期に追われるこの時期は、朝の挨拶**もそこそこに**、一日の仕事を始めなければ間に合わない。

＊**助っ人**………………………………………力を貸して助ける人。

彼は派遣社員として初めて行った会社で、自己紹介**もそこそこに**、てきぱきと仕事を片付けはじめた。

意味・使い方は？

〜を急いですませて―をする

AもそこそこにB

Aすることが当然なのに／Aするべきなのに、それをしないで急いでBする。

接続は？

名詞
名詞の形　｝ ＋　もそこそこに

確認問題・正しい答えは？

（1）

　この暑さの中でテニスの練習から帰ってきた息子は、手を洗うのもそこそこに、＿＿＿＿＿＿＿＿＿。

　　1　顔と手をきれいに洗った
　　2　ご飯を食べはじめた
　　3　手がきれいになった
　　4　ご飯は食べなかった

（2）

　好きなテレビドラマが始まる時間なので、夕飯の後片付けもそこそこに、＿＿＿＿＿＿＿＿＿。

　　1　テレビを見る時間がなかった
　　2　後片付けができなかった
　　3　テレビを見るのを忘れてしまった
　　4　テレビの前に座った

名詞に続く表現

41 〜じみる

問題 ＿＿＿に入るものを選びなさい。

女性社員：経理部の森さん、遅刻したことを部長に謝ってましたね。
男性社員：ああ、でもなんだか言い訳じみて聞こえたよな。＿＿＿＿。

1　真剣な態度だったし
2　親の病気にかこつけてたし

例文

＊結婚は人生の墓場………結婚すると生活が悪いほうに変わってしまう。

女A：彼女、このごろ急に所帯**じみて**きたみたい。
女B：うん。結婚したとたんに、夕飯の献立とかスーパーの安売りの話とかばっかり…。結婚前はファッションや旅行の話ししかしない人だったのにね。

＊馬の耳に念仏……………………人の意見や忠告を聞かない。

母　：お父さんが、たまにはあなたとゆっくり話でもしたいって言ってたわよ。
息子：やだよ。お父さんって、いつも説教**じみた**ことしか言わないんだもん。
母　：あなたのためを思って言ってるのよ。
息子：ありがた迷惑だよ。

＊悪徳商法……………嘘を言って客から金銭をだまし取るやり方。

女：昨日逮捕されたX商事の社長の記者会見、見た？
男：ああ、ただの水や粉を「素晴らしい健康食品」だって言って、高額で売りつけてた人だろう。
女：そう。泣いたり土下座したりして謝って、芝居**じみて**いたよね。

意味・使い方は？

～ように 見える／思える
A じみる
Aには好ましくないことが入る。

接続は？

名詞 ＋ じみる

確認問題・正しい答えは？

男A：こんな単純なクイズ、子供じみていて_____。
男B：ああ、僕もそう思うけど。
　　1　大人には退屈なんじゃないか
　　2　子供が喜ぶんじゃないか
　　3　大人にも受けるんじゃないか
　　4　大人も子供も楽しめるんじゃないか

くだけた会話では？

～っぽい

＊鰯の頭も信心から……………魚の頭でも神と信じれば大切なものになる。

男：あいつ、若いくせに、やけに年寄り**っぽい**こと言うよな。
女：うん、さっきも「茶柱が立っているから、今日は縁起がいいよ」
　　だって。

名詞に続く表現

42 〜にかまけて

問題 ＿＿＿＿に入るものを選びなさい。

8月に入って猛暑(もうしょ)が続き、暑さにかまけて＿＿＿＿＿＿＿＿＿＿。

1　勉強にも身が入っている

2　勉強をさぼりがちだ

例文

＊**背に腹はかえられない**　　　　　　　　　　　重要なことのためには他を犠牲(ぎせい)にしても仕方がない。

社長：重役といえども、ゴルフや接待**にかまけて**いる暇(ひま)はない。世界的金融危機(きんゆう)で、国が巨額(きょがく)な公的資金(こうてき)を銀行に注ぎ込むという決断をしても、経済は低迷しているのだから。ゴルフ、接待は当分禁止だ。

部長：はい、かしこまりました。（ちぇ！　つまんないな。）

＊**二足の草鞋(わらじ)をはく** ………………………… 同時に二つの仕事をする。

稲田(いなだ)大学在学中のオリンピック選手は、オリンピックの練習**にかまけて**授業(じゅぎょう)を欠席することが多く、問題となっている。近く、退学や休学などの可能性も含めた厳(きび)しい措置(さち)が取られることになるようだ。

＊**光陰矢(こういんや)の如(ごと)し** ………………………………… 時間は早く経つ。

社会人になり、仕事や雑事(ざつじ)**にかまけて**いるうちに、月日がどんどん過ぎ、ふと気がつくと、大学を卒業して30年も経っていた。時間は矢のように飛んで行くもんだ。

意味・使い方は？
〜だけを考えて

接続は？
名詞 ＋ **にかまけて**

確認問題・正しい答えは？
・拝啓　皆様お変わりなくお過ごしのことと存じます。お手紙をいただきながら、忙しさにかまけて＿＿＿＿＿＿＿＿、申し訳ございません。

　　1　お返事しまして
　　2　お返事が遅れまして
　　3　お返事を送りまして
　　4　お返事をいただいて

くだけた会話では？
〜に気を取られて

＊後悔先に立たず………………してしまったことは取り返しがつかない。
受験勉強**に気を取られ**健康管理を忘れて、入院するはめになってしまった。もっと注意していればよかった。

名詞に続く表現

43 〜にのっとり

問題 ＿＿＿＿に入るものを選びなさい。

日本の食品は、安全基準にのっとって厚生労働大臣が指定した食品添加物しか使用されてないので＿＿＿＿＿＿＿＿＿＿。

　　1　食べても安心だ
　　2　心配で食べられない

例文

＊暗中模索（あんちゅうもさく）……………手がかりのないものを探すこと。

従来の経営戦略にのっとった販売方法では、売れ行き不振が続くこの深刻な現状を打破することはできません。手探りででもいいから、何か新しいことをやっていきましょう。

＊古式ゆかしい……………昔からのやり方で懐かしく心が引かれる。

彼らの結婚式は古式にのっとり、昔ながらの装束を身につけ、この地方の有名な神社で厳かに行われた。

＊不法就労（ふほうしゅうろう）……………許可を得ていない外国人が仕事をすること。

留学生が日本で働く場合、入国管理法にのっとって手続きを行い、アルバイトをする許可を受ける必要がある。また就労時間、職種などには厳しい条件が課せられている。

意味・使い方は？
～を手本として／～を判断の基準として／～に則して

接続は？
名詞 ＋ **にのっとり**

確認問題・正しい答えは？
・この地方の野球大会は、公式の規則にのっとって行われる。従って、
　＿＿＿＿＿＿＿＿＿＿。
　1　大会役員が新しい規則を考えている
　2　公式の規則にないものが取り入れられるそうだ
　3　この大会独自の規則により行われる
　4　大会役員は公式の規則を再確認する必要がある

くだけた会話では？
～にしたがって／～で

＊ゴミの分別収集 ……………… ゴミを種類に分けて収集すること。

管理人：今日はごみ出しの日じゃありませんよ。燃えるごみは月水金、燃えないごみは木曜。資源ごみも出す日が決まってますから、**ルールにしたがって**お願いしますね。

学　生：あ、すみません。分かりました。

名詞に続く表現

44 ～はさておき

問題 ＿＿＿に入るものを選びなさい。

試合の結果はさておき、＿＿＿＿＿＿＿＿＿＿。

1　勝つべきだったよ
2　選手たちはよく頑張ったよ

例文

＊終わり良ければすべて良し……… 結果が大事で、経過は問題ではない。

A：Y社との契約（けいやく）は大変でしたね。
B：ええ。途中、先方と意思疎通（もつう）ができなくて、ごたごたしたこと**はさておき**、契約が取れてよかったですよ。

＊野次馬（やじうま）……………………………… 何でも珍しがって見物したがる人。

女A：最近、南米のチチカカ湖なんかに、わざわざＵＦＯを見るために旅行する人たちがいるんだって。
女B：へぇ。その人たちって、美しい景色とか**はさておき**、ＵＦＯが見たいってこと？
女A：まあ、結局、どちらも見たいんじゃないの。

＊受験戦争……………………… 入学試験の競争が戦争のように激（はげ）しいこと。

進学塾（じゅく）の是非（ぜひ）が教育上の問題となっているが、それ**はさておき**、相変わらず多くの子供たちが受験のために塾に通っていることは事実だ。

意味・使い方は？

～はともかくとして―／～は別として―
Aはさておき、B
Bのほうが主であるということを表す。

接続は？

名詞
名詞の形
} ＋ はさておき

確認問題・正しい答えは？

・この沿線には作家が多く住んでいたという話を聞いたことがあるが、真偽の程はさておき、_____。
　　1　本当かどうか知りたくないけど
　　2　この辺の地名は小説によく出てくる
　　3　間違った情報であろう
　　4　真偽を確かめてみよう

これも覚えましょう！

何はさておきA＝まずA

> 地震のときは、**何はさておき**火を消してください。

A。それはさておき、B　余談から本題に返るときに使う。

> A：来週のプレゼンの準備そろそろですね。
> B：ま、**それはさておき**、まずこの仕事、片付けちゃいましょうよ。

名詞に続く表現
45 〜もさることながら

問題 ＿＿＿＿に入るものを選びなさい。

イラストもさることながら、＿＿＿＿＿＿＿＿＿＿から、この本を選んだんです。

　　　1　文章がとても良かった
　　　2　文章は良くなかった

例文

＊天高く馬肥ゆる秋 ……… 秋は食欲が増して、人も馬も太るということ。
A：やっと夏が過ぎて、涼しくなりましたね。「食欲の秋」ですね。
B：そうなんですよ。私もすっかり太っちゃって。見てください。**体重もさることながら**、お腹が大変なことになっていますよ。

＊針小棒大 ……………「針」ほどのことを大げさに「棒」のように言うこと。
〈新聞に挟まれているチラシ広告〉
海まで見渡せる素晴らしい眺めが、当別荘地の最大の魅力です。**眺望の素晴らしさもさることながら**、マリンレジャーの施設が豊富で、快適な時間をお過ごしいただけます。また、すぐ近くには日本屈指の海水浴場もあり、透明度の高い海で海水浴、釣りなどもお楽しみいただけます。日本随一の別荘地と言っても過言ではありません。

＊ポイ捨て禁止 ………… ゴミなどを、道に捨ててはいけないということ。
南の島々では海からの漂着ごみ**もさることながら**、ツアー客が捨てるごみも悩みの種となっている。「観光収入があるのだから、仕方がない」とはいかないようだ。観光客が残していくごみは、島々にとって大問題となりつつある。

意味・使い方は？

〜はもちろんだが—
Aもさることながら、B
Aには「もちろんだ」と思うもの、BにはA以上に強調したいものが来る。

接続は？

名詞
名詞の形
＋ もさることながら

確認問題・正しい答えは？

・駅から近いこのホテルは、アクセスの良さもさることながら、_____。

1　駅に近すぎて、騒音(そうおん)が気になるんです
2　ビジネスホテルなみに部屋が狭いんです
3　落ち着いた雰囲気(ふんいき)で友達と食事をするのに最適です
4　落ち着いているだけでは、魅力に欠けることは否(いな)めない

くだけた会話では？

〜もそうだが

* モテモテ ……………… たくさんの人に好かれること。

弘子(ひろこ)ちゃんはスタイル**もそうだけど**、性格もいいから、すごくもてるでしょう。

名詞に続く表現

46 ～よろしく

問題 ＿＿＿＿に入るものを選びなさい。

5歳になる長女は、1歳にもならない弟にミルクを飲ませたり、おむつをかえたり、母親よろしく＿＿＿＿＿＿＿＿＿＿。

  1　言っていますよ

  2　面倒をみている

例文

＊劇場型政治
     政治家が芸能人のように振る舞い、国民の人気を取る政治。

男A：最近、政治家がテレビのバラエティー番組なんかによく出てますね。
男B：そうだね。政治家が、タレント**よろしく**愛想をふりまくのは、いかがなものですかね。
男A：そうですね。賛成できませんね。

＊のど自慢 ………………………………… 歌が上手な人。

女：山本さん、ほんとにカラオケが好きね。
男：うん、夕べもアイドル歌手**よろしく**振りまで付けて歌っていたよ。

＊借りてきた猫 ………… 慣れていない場所では、とてもおとなしい様子。

夫：弘、今日初めて幼稚園に行ったんだろう。楽しそうだったか？
妻：それがね、家ではわんぱくのくせに、幼稚園では借りてきた猫**よろしく**おとなしくしてるのよ。
夫：へえ、意外だね。でも、おとなしいのは2、3日だけだろうな。

意味・使い方は？
～のように／いかにも～のように／まるで～のように

接続は？
名詞 ＋ よろしく

確認問題・正しい答えは？
A：アルバイトの山田君が、店長よろしくお客さんに挨拶していたよ。
B：あ、そう言えば、＿＿＿＿＿＿＿＿＿＿。
　　1　山田君が新しい店長になったんだってね
　　2　店長、病気で休んでいるんだっけ
　　3　店長は大変だね
　　4　山田君は店長らしい店長だね

くだけた会話では？
～みたいに

> ＊目立ちたがり屋……………………人に注目されたいと思う人。
>
> あのオリンピック選手ったら、試合先のドイツでインタビューされて、「世界一になるためにここに来ました」って、アイドル**みたいに**笑顔を振りまいてたよ。

名詞に続く表現

47 ～をふまえて

問題

_____ に入るものを選びなさい。

日本では阪神・淡路大震災の経験をふまえて、_____街づくりが進められています。

1 災害に強い
2 経済に強い

例文

* 失敗は成功の母 ……………… 失敗の中に成功へのヒントがある。

昨年開発した新製品は、売り上げが伸びず、残念ながら、失敗に終わりました。我々は昨年の失敗**をふまえ**、今年はより良い製品の開発を目指して努力を続ける覚悟です。

* 人のふり見て、我がふり直せ
　　　　　　　　　　　人の悪い点を見て、自分の行動を反省しなさい。

〈総理大臣記者会見〉
総理：バブル崩壊後のＡ国の現状**をふまえまして**、我が国でも経済の立て直しをはかり、バブル経済を回避する政策を立てる時期に来ているのではないかと考える次第でございます。

* 子を知るは親にしかず ……… 子供のことは親が一番よく知っている。

下の子は叱られるとすぐ謝るんですが、上の子は、ちょっと難しくて、下手な叱り方をすると、反発したり反抗したりします。それで、子供を叱るときは、子供の性格**をふまえた**上で、叱り方を変えるようにしています。

意味・使い方は？

～を考えて
AをふまえてBをする
AはBの基礎となる事柄。

接続は？

名詞　＋　をふまえて

確認問題・正しい答えは？

(1)
研究者は、5年間にわたって行った現地調査をふまえて
＿＿＿＿＿＿＿＿＿。
1　現地には行かないことにした
2　博士論文を書き上げました
3　博士論文どころではなかった
4　5年間現地に滞在していた

(2)
今日、求められていることは、世界中の国々が世界大戦の歴史の教訓をしっかりふまえて、＿＿＿＿＿＿＿＿＿。
1　過去を忘れてしまうことです
2　世界は平和を維持できないでしょう
3　平和を維持するように努力することです
4　世界大戦を理解することです

名詞に続く表現

48 〜を異にする

問題 _____に入るものを選びなさい。

出展作品は、材質、デザインなどすべてにわたり、発想を異にしたものばかりで_____。

1 みな似たようなものだった
2 それぞれの趣を楽しめた

例文

＊異文化理解 ………… 異文化間で互いの文化、人権等を尊重すること。

世界平和とは、民族、宗教、文化など**を異にする**人々が対等な関係で共存する社会を創造することです。肌の色、宗教、思想など**を異にする**という理由で、相手を殺したり、差別したりすることは許されないことです。

＊人それぞれ ………… 人によって考え方などが違っているということ。

A：意見がいろいろ出て、会議が長引きましたね。
B：いやあ、あれだけ意見**を異にする**人たちが集まっちゃ、無理からぬことですよ。

意味・使い方は？
〜が別である／〜が違っている

接続は？
名詞 ＋ を異にする

確認問題・正しい答えは？

(1)
A：地域によって水質の汚染状況は、著しく程度を異にするらしいよ。
B：では、やはり、＿＿＿＿＿＿＿＿＿＿。
1　別々に対策を検討するしかないだろう
2　別々に対策を立てることはないな
3　まったく同じ対策でやっていこう
4　原因はどこも似かよっていたんですね

(2)
A：その病気は、動物から人間にも感染することが確認されているらしい。
B：はあ、「種」を異にする場合も＿＿＿＿＿＿＿＿＿＿。
1　うつるんですね
2　うつらないんですね
3　関係するんですね
4　関係しないんですね

名詞に続く表現

36-48 応用問題

問題　次の文の＿＿＿＿に入る最も適当なものを1～4から選びなさい。

（1）女：日本オオカミを探そうと、探検隊＿＿＿＿出かけたんだけど…。
　　　男：なんにも見つからなかったんだろ。
　　　　1　はいざしらず　　　　2　よろしく
　　　　3　ごときに　　　　　　4　じみて

（2）〈スポーツ大会の宣誓式で〉
　　　我々はスポーツマン精神＿＿＿＿、正々堂々と最後まで戦うことを誓います。
　　　　1　にのっとり　　　　　2　にとって
　　　　3　にかこつけて　　　　4　にのって

（3）夜の山は危険なので、暗くならないうちに麓までたどり着けるように、一行は休憩＿＿＿＿、下山し始めた。
　　　　1　もいざしらず　　　　2　のついでに
　　　　3　をふまえて　　　　　4　もそこそこに

（4）何年も続いている内戦に終止符を打てるかどうかは、新しく大統領になったA氏の手腕に＿＿＿＿。
　　　　1　しくはない　　　　　2　かかっている
　　　　3　かかせない　　　　　4　かまけている

（5） 各国の経済状態_____、グリーン・エネルギーを普及させるのは難しいですよ。貧しい国では、コストの高いエネルギーは使えませんしね…。

　　　1　にかまけて　　　　　2　に乗らないと
　　　3　をふまないと　　　　4　をふまえないと

（6） 妻：子供たちがよくインターネットを見てるから、心配なんだけど。
　　 夫：そうだな。アクセス制限ソフトがいろいろあるから、入れといたほうがいいね。まあ、どこのメーカーか_____、どんなソフトにするか検討してみよう。

　　　1　はさておき　　　　　2　はさてと
　　　3　はそこそこに　　　　4　はふまえて

（7） 女：今回の彼の作品、いつもの力強さがなくて個性が全く感じられないわね。
　　 男：お前な、素人のくせに評論家_____、他の人の作品を偉そうに批判したりするんじゃないよ。

　　　1　だって　　　　　　　2　ぶって
　　　3　ならでは　　　　　　4　まくって

（8） 司会者：本日は立場_____方々に一堂に会していただき、さまざまな問題について、率直な話し合いをしていただこうと、この会を開きました。
　　 参加者：なるほど、それで出席者はバラエティーに富んでいるんですね。

　　　1　をふまえた　　　　　2　を同じとする
　　　3　をおいてほかにはない　4　を異にする

名詞に続く表現

36-48 応用問題

（9）サインをもらうのは無理だが、＿＿＿＿＿選手たちの姿を見たいというファンが、サッカースタジアムの前に押し寄せた。
　　　1　多くとも一目　　　　　2　せめて一目なりとも
　　　3　ひとたびなら　　　　　4　一目でもともと

（10）このメーカーのコートはデザインのよさ＿＿＿＿＿暖かさも抜群。羽織っただけで良さが分かる。
　　　1　もそこそこに　　　　　2　もさることながら
　　　3　たるや　　　　　　　　4　はさておき

（11）そろそろお歳暮や年賀状の季節になった。毎年、雑事＿＿＿＿＿ぎりぎりまでやらないので、今年こそは早目にしよう。
　　　1　ならまだしも　　　　　2　にかまけて
　　　3　にのっとり　　　　　　4　もかえりみず

（12）社　長：我が社といたしましても、最善の努力をいたして参りましたが、この度の全世界的な不況のあおりを受け、従業員の解雇を余儀なくされ…。
　　　男性社員：そんな＿＿＿＿＿、聞きたくないよ！　解雇を撤回してくれ！
　　　1　弁解らしい話　　　　　2　弁解じみた話
　　　3　弁解ぐらいの話　　　　4　弁解まくった話

（13）まだ１１月だというのに、今日は＿＿＿＿＿寒さだね。
　　　1　真冬みたい　　　　　　2　真冬らしからぬ
　　　3　真冬なみの　　　　　　4　真冬ならではの

解答　(9) 2　(10) 2　(11) 2　(12) 2　(13) 3

第6章

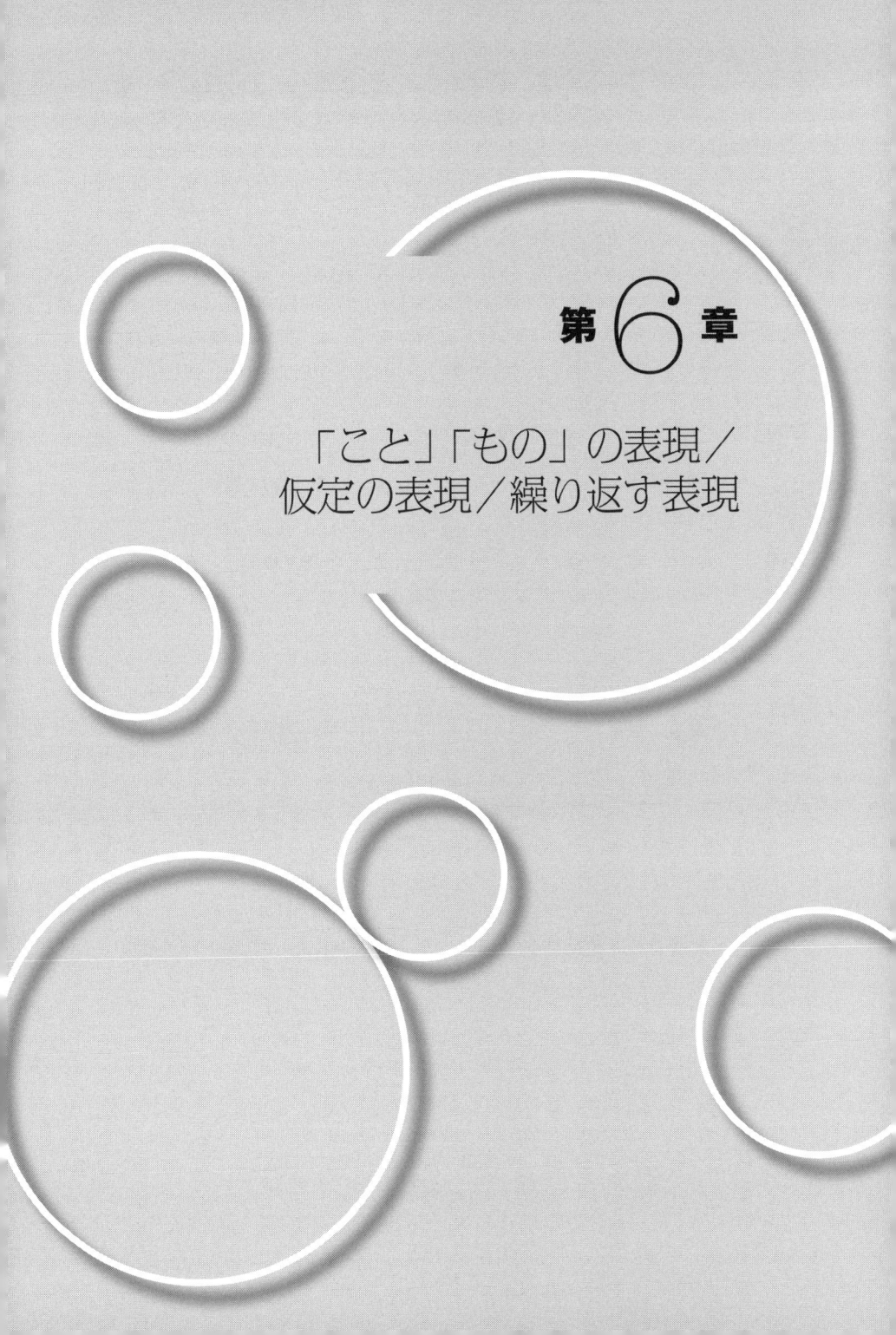

「こと」「もの」の表現／仮定の表現／繰り返す表現

「こと」「もの」の表現
49 〜こととみえる／〜こととみえて

問題
_____に入るものを選びなさい。

彼の斬新なデザインは、他の人々には理解し難いこととみえて、
_____。

1 褒める者が誰もいない

2 みんなが感心している

例文

＊自然破壊……………………人間が自然を壊していること。

レポーター：人間たちがここに侵入してきたことは、動物たちにかなりの脅威を感じさせた**こととみえます**ね。
動物学者：はい。ここで長年観察していますが、こんなに動物の数が減ったのは、初めてですからね。

＊童心に帰る……………………子供の頃の幼い気持ちに戻る。

子供にとっては嬉しい**こととみえて**、小さな人形のおまけが付いたチョコレートの売れ行きがいい。いい年をした大人の私でさえ、つい昔を思い出し買ってみたくなる。

＊所変われば品変わる……………………場所によって風俗習慣が変わる。

我が国では今や見られなくなった光景だが、この国ではまだ当たり前の**こととみえて**、幼い子供たちが家計を助けるために働いている。

意味・使い方は？

～のように感じられる／思われる／判断される
AこととみえてB
BはAを推測する根拠や理由。
「BだからAなんだろう」と思うこと。

接続は？

動詞　普通形
い形容詞　普通形
な形容詞　普通形（現在肯定　～な）
名詞　普通形（現在肯定　＋の）

＋　こととみえる／こととみえて

確認問題・正しい答えは？

・山歩きに慣れている私にはなんでもない上り坂も、彼女には大変なこととみえる。＿＿＿＿＿＿＿＿＿＿。
　　1　何もないので、立ち止まってしまった
　　2　息を切らすことなく、歩き続けている
　　3　息を切らして、立ち止まってしまった
　　4　景色を楽しみながら歩き続けた

くだけた会話では？

～らしい／～ようだ

＊子供だまし ……… 子供がだまされるような、あまり価値のないもの。
子供にとっては嬉しいこと**らしく**、そのおまけ付きの飴はよく売れた。

「こと」「もの」の表現
50 なまじ〜ものだから

問題 _____に入るものを選びなさい。

A：彼、試験に落ちたんだって？

B：うん、なまじ頭がいいものだから、_____試験に合格できると思ってたんだって。

　　1　勉強しなくても
　　2　勉強しても

例文

＊すねかじり……………親から生活費をもらって生活する人。

女A：彼、まだ、フリーターしてるの？

女B：**なまじ**親にお金がある**ものだから**、ちゃんと働く気にならないみたいよ。

＊口を酸っぱくして言う……………何回も同じことを言う。

母　：たばこ止めなさいよ。癌になる率が高いんだってよ。

息子：放っといてくれよ。

母　：**なまじ**法律で禁じられてない**もんだから**、止められないのよね。法律で禁止すればいいのに。

＊火の用心……………火事にならないように気をつけること。

A：火事の原因は、古い扇風機のモーターが火を噴いたことなんだって。

B：昔の扇風機は簡単な構造だから、いつまでも使えるんですよね。

A：そうらしいですね。**なまじ**動く**もんだから**使い続けて、火事になるんでしょうね。

意味・使い方は？

不十分に～だから／（しないほうがいいのに）～したので
なまじAものだから＋悪い結果
本来Aは良いことなのに、悪い結果を生み出す。

接続は？

なまじ ＋ { 動詞 普通形 / い形容詞形 普通形 / な形容詞形 普通形（現在肯定～な）/ 名詞 普通形（現在肯定～な） } ＋ ものだから

確認問題・正しい答えは？

A：評判のあの映画見た？
B：うん。評判ほどじゃないよ。なまじ前評判がよかったもんだから、＿＿＿＿＿＿＿。

1　期待しても無理だった
2　期待しすぎたのかな
3　期待どおりだった
4　期待しなかったんだ

くだけた会話では？

なまじっか～

＊グルメ……………………料理の味や、材料などに詳しい人。

男A：これは**なまじっか**ソースなんかかけないで、そのまんま食べたほうがおいしいんだよ。
男B：君は料理にうるさいね。

仮定の表現

51 ともすれば／ともすると

問題 ＿＿＿＿＿に入るものを選びなさい。

平和な国に暮らす人々は、ともすると未だ戦火の中で苦しんでいる人々がいることを＿＿＿＿＿＿＿＿＿＿。

  1　忘れてはいない

  2　忘れがちになる

例文

＊母は強し……………………………子供を思うと母親は強くなる。

〈優勝選手のインタビュー〉
今回、皆様のおかげで優勝することができました。**ともすれば**弱気になってしまう私をいつも力づけてくれた母には、とりわけ感謝しています。普段は優しいんですが、私の試合のことになると人が変わったように厳しくなって…。

＊温故知新……古くから伝わっていることを大切にして新しいことを学ぶ。

先進国に暮らす我々は、**ともすれば**最新機器の多彩な機能に眼を奪われがちですが、古くから使われ続けているシンプルな道具の良さも、忘れてはならないのではないでしょうか。

＊初心忘るべからず…………初めの頃の謙虚で緊張した気持ちを失うな。

男Ａ：きのう、うちの工場で起きた事故は、機械の操作ミスが原因らしいね。

男Ｂ：ああ。機械を操作していたのは、勤続20年のベテランだったんだけどな。

男Ａ：慣れた人間ほど、**ともすると**油断してミスを犯してしまうんだよ。

意味・使い方は？

なりがちである／〜なることが多い／よくそうなる
「ともすれば／ともすると」の後には、好ましくない内容が続く。

接続は？

「前文」 ＋ ともすれば／ともすると
ともすれば／ともすると ＋ 「後文」

類似表現！

「ややもすれば／ややもすると」という表現もある。

確認問題・正しい答えは？

・学歴偏重社会では、ともすると親は成績に目が向いてしまい、子供に遊びの大切さを教えることを＿＿＿＿＿＿＿＿＿＿。
  1　忘れてもいいだろう
  2　おろそかにしがちだ
  3　大切にしている
  4　時々している

くだけた会話では？

どうかすると

*医者の不養生……専門家ほど、すべきことを知っていながら実行しない。

お医者さんって、人の病気を治すことに忙しくて、**どうかすると**自分の病気に気が付かないことが多いらしいよ。

仮定の表現
52 しいて ～と／ば／たら／なら

問題 _____に入るものを選びなさい。

A：給料は高いけど首になりやすいA社と、給料は安いけど首にならないB社に内定したら、どっちの会社に行く？

B：う～ん、むずかしいな。しいて選べば_____。

　1　A社かな

　2　両方いいかな

例文

＊玉に傷……………………完璧なものに一つだけ欠点があること。

H社は、高齢者や足の不自由人などの体に付けて歩行を助ける「歩行支援ロボット」を発表した。この家庭向け二足歩行支援ロボットは、人間の歩行を補助する完璧なロボットといっても過言ではない。**しいて**欠点を言う**と**、価格が高いことである。

＊ドングリの背くらべ……………………どれも同じように平凡である。

女：政治家の中で、一番頭脳明晰で政策に通じていて、世界に通用する人は誰かな？

男：そんな人はいないんじゃないかな、みんな似たり寄ったりだよ。**しいて**挙げる**なら**○○さんかな。

意味・使い方は？

無理に ～と／ば／たら／なら

接続は？

しいて ＋
- 動詞　普通形（現在形）　＋　と／なら
- 動詞　ば形　　　　　　　＋　ば
- 動詞　た形　　　　　　　＋　たら

確認問題・正しい答えは？

・今、特に欲しいものはないんですが、しいて挙げれば、
　_____。

1. 携帯も持っています
2. 何もありません
3. 新しい携帯かな
4. 欲しいものはたくさんあるな

くだけた会話では？

ま、～かな？

＊理系（けい）の人……………………数学や自然科学が好きな人。

女：学校時代、好きな科目は何だったの？
男：別になかったけど。**ま、**物理**かな**？　英語とか社会とか、文系は全くだめだったしな。

仮定の表現

53 ひとたび ～と／ば／たら

問題 ＿＿＿に入るものを選びなさい。

リーダーたるもの、ひとたび決意したら、＿＿＿＿＿＿＿＿＿＿。

1　その決意を曲げるべきではない

2　再び決意することもある

例文

＊石橋を叩いて渡る……………………………慎重に物事をすること。

〈講演会で〉
医者：この病気は**ひとたび**発作が起こる**と**、半日は治らないこともあるので、発作を起こさないように、細心の注意を払って生活することが大切です。

＊清水の舞台から飛び降りるつもりで…………思い切って〜すること。

〈初心者の水泳教室で〉
インストラクター：はじめは水を怖がる方もいらっしゃいますが、**ひとたび**思い切って水に入ってみれ**ば**、必ず水への恐怖心がなくなるものです。皆さんすぐに泳げるようになりますよ。

＊類は友を呼ぶ……………………………似た者は自然に集まるということ。

女：うちのワンちゃん、**ひとたび**寝転ん**だら**、なかなか動こうとはしないの。
男：それって、飼い主に似てるね。

意味・使い方は？

一度〜すると、それを止めない／それが止まらない
かたい話し方や書き言葉に多い。強調表現。

接続は？

ひとたび　＋　
- 動詞　普通形（現在形）　＋　と
- 動詞　ば形　　　　　　　＋　ば
- 動詞　た形　　　　　　　＋　たら

確認問題・正しい答えは？

・「ひとたびこの国境を越えれば_____」と覚悟の上で、人々は国境の山を越えた。
  1. もう戻ることはできない
  2. いつでも戻ろう
  3. 戻ってもいいだろう
  4. また、国境を越える

くだけた会話では？

一回 〜と／ば／たら、一度 〜と／ば／たら

＊すっぽんは噛みつくと、雷が鳴っても放さない〈世間で言われていること〉

男：これは亀じゃないな、すっぽんだぞ。噛みつかれるなよ。こいつは、**一度**噛みつい**たら**、雷が鳴るまで放さないんだって。

仮定の表現

54 いざ〜となると

問題 ＿＿＿＿に入るものを選びなさい。

休みになったら、あれもしようこれもしようと考えて、わくわくしているんだけど。いざ休みとなると＿＿＿＿＿＿＿＿んだ。

  1　一日中寝てしまったりする

  2　あれも、これもできるんだ

例文

＊習うより慣れろ …………………… 経験したほうがよく覚えられる。

A：今、英語学校に行ってるんだ。
B：じゃ英語、話せる？
A：それが、学校では先生と楽しく話せるんだけど、**いざ**仕事で使う**となると**、英語が出てこないんだ。

＊踏ん切りがつかない ………… ぐずぐずして、なかなか決心がつかない。

A：家、買おうかな、どうしようかな？
B：あれ、買うんじゃなかったっけ？　買うって言ってたじゃない。
A：そう思ったんだけど、もう少し待てば値段が下がるかもしれないし、ローン払えるかどうか心配だし、地震があったら壊れるかもしれないし…。買うのやめたほうがいいかな。今、本当に買うチャンスかな。**いざ**買う**となると**迷うんだ。

意味・使い方は？

さて〜となると／いよいよ〜のときになると
いざAとなると
Aには思い切って始めようとすることなどが来る。

接続は？

いざ ＋ { 動詞　普通形 / い形容詞　普通形 / な形容詞　普通形 / 名詞　普通形 } ＋ となると

◉**注意**　「名詞」「な形容詞」の現在肯定では「普通形　〜だ」となることもある。

確認問題・正しい答えは？

A：今日はカラオケパーティーだね。何歌う？
B：やっぱ、演歌かな。
A：でも、演歌って、やさしいようで、いざ歌うとなると_____。

1　難しいよ　　　　　2　簡単そうだ
3　歌いやすいよ　　　4　歌いまくる

これも覚えましょう！

いざというとき／いざとなると

＊**いざというとき**……………………何か重大なことが起きた場合。

災害は忘れた頃にやってきます。**いざというとき**のために、ご家庭では防災グッズや、保存食を用意しておいてください。

繰り返す表現

55 かたや～、かたや―

問題 ＿＿＿＿＿に入るものを選びなさい。

女：日本は南北に長いから、南と北では、ずいぶん気候が違うよね。

男：そうだね。かたや桜開花のニュースに、かたや＿＿＿＿＿＿＿映像だもんな。

　　1　桜が咲く

　　2　雪景色の

例文

＊恋は思案の他………………恋をすると常識的な判断ができなくなる。

女Ａ：かなちゃん、結婚するって。

女Ｂ：どっちの人と？　もちろん、お金持ちの人とよね。**かたや**ワーキングプアーの若者、**かたや**外車を乗り回している青年実業家だもん。「月とすっぽん」よね。

女Ａ：と思うでしょう？　でも、違うのよ。愛があるからって。

＊天網恢恢疎にして漏らさず………………天は悪事を見逃さない。

女：また政府の高官が商社から賄賂もらったらしいってニュース聞いた？　**かたや**数億円を渡したの、**かたや**もらってないのと…。

男：どっちが嘘をついているんだろう。今にばれるさ。

＊肩の荷が下りる………………心配事などがなくなり、ほっと安心する。

子供たちも無事大学を卒業し、**かたや**銀行に、**かたや**ＩＴ企業に勤め、元気にやっております。

意味・使い方は？

片方は〜だし、もう片方は―だ
かたやA、かたやB
AとBは相対する事柄や、似通ったものなどを入れる。

接続は？

かたや ＋ 名詞／文、かたや ＋ 名詞／文

確認問題・正しい答えは？

・今後のエコカーについて、かたやA社は燃料電池車に期待し、かたや＿＿＿＿＿＿＿＿、見解を異にしています。

 1　B社はハイブリッドを中心とするなど
 2　B社はエコカーを開発しているなど
 3　A社もハイブリッドを研究するなど
 4　A社も燃料電池を開発するなど

くだけた会話では？

一方は〜、もう一方は―

*真っ赤な嘘 ……………… 疑う余地のない嘘。

同じような絵を2枚鑑定に出したら、**一方は**本物、**もう一方は**真っ赤な偽物と言われたのです。

繰り返す表現

56 〜と言わず—と言わず

問題

_____に入るものを選びなさい。

その教会の中は、壁と言わず天井と言わず、びっしりと絵が描かれていた。_____。

1　壁と天井には絵がなかった
2　特に天井の絵は素晴らしかった

例文

*読書三昧（ざんまい）……………………読書をしたいだけすること。

読書好きの父は、休みの日ともなると、朝と言わず夜と言わず、一日中本ばかり読んでいるので、よく母に文句を言われている。

*下手（へた）の横好き………………下手なのに、あることを熱心にする。

A：私は音楽が好きで、ピアノと言わずバイオリンと言わず、やりたい楽器は何でもやってみたんですよ。
B：そうですか。音楽の才能があるんですね。
A：いえいえ、どれも下手なんですがね。

*鍋奉行（なべぶぎょう）……………………鍋料理をするとき、仕切る人。

主婦：なんといっても鍋料理は簡単なので、冬と言わず夏と言わず、いつでも鍋料理をするんです。客が来ても鍋料理で済ませてしまうんです。

意味・使い方は？

Aと言わずBと言わず
AでもBでも、すべてにおいて。A・Bには代表的なものが入る。

接続は？

名詞 ＋ と言わず ＋ 名詞 ＋ と言わず

●注意　「いつでも／どこでも／誰でも／何でも」などが後ろに来ることが多い。

確認問題・正しい答えは？

（1）
　　最近設立された外国人相談センターには、昼と言わず夜と言わず、外国人からの相談が持ち込まれ、担当職員は＿＿＿＿＿＿＿＿。
　　　1　午前中は忙しいそうだ
　　　2　食事する暇もないそうだ
　　　3　暇でしょうがないそうだ
　　　4　夜は忙しいそうだ

（2）
　　この雑草は、平地と言わず高地と言わず、＿＿＿＿＿＿＿＿＿＿対応できる繁殖力を持っている。
　　　1　平地だけに
　　　2　高地にでも
　　　3　どんな環境にでも
　　　4　山の中腹だけに

確認問題　（1）2　（2）3

繰り返す表現

57 〜と言おうか、—と言おうか／〜と言うか、—と言うか

問題 ＿＿＿＿に入るものを選びなさい。

あの国は好景気と言おうか、＿＿＿＿と言おうか、驚異的な速さで経済が成長している。

1　バブル
2　不景気

例文

＊猪突猛進（ちょとつもうしん）……………… よく考えずに目標に向かって突き進むこと。

若さの特権**と言うか**、考えが甘い**と言うか**、彼は後先を考えず冒険家を目指して、南極へ飛び立って行った。

＊蛇の道は蛇（じゃのみちはへび）
　　　　　　　蛇の通る道は蛇がよく知っている。仲間のことはよく分かる。

新聞記者：首相の展望では「日本の将来は明るい」そうですが。
野党議員：あれは展望**と言おうか**、首相の希望**と言おうか**…。いずれにしても、首相の本音ではありませんね。私には、よく分かりますよ。

＊嘘つきは泥棒の始まり……………… 嘘をついてはいけないということ。

驚いた**と言おうか**、予測通り**と言おうか**、官僚の中には国の将来のためと言いつつ、自分の保身のために、仕事をしている人がいるのだということが、今回の事件でよく分かった。国民は国を信じられなくなっている。

142

意味・使い方は？

～と考えるか、―と考えるか／～と評価(ひょうか)するか、―と評価するか
Aと言おうか、Bと言おうか／Aと言うか、Bと言うか
A、Bどちらの表現が適当か、両方を並べて言う表現。

接続は？

動詞　普通形
い形容詞　普通形
な形容詞　普通形
名詞　普通形（現在肯定　～だ）
　　　　　　　　　　　　　　　＋ と言おうか／と言うか

＋ ｛動詞　普通形
　　い形容詞　普通形
　　な形容詞　普通形
　　名詞　普通形（現在肯定　～だ）｝ ＋ と言おうか／と言うか

確認問題・正しい答えは？

A：彼って天才と言われていますが。どうお考えでしょうか。
B：天才と言おうか、＿＿＿＿＿と言おうか…。頭はいいんですが。
　1　変人　　2　凡人(ぼんじん)　　3　美人　　4　善人(ぜんにん)

くだけた会話では？

～って言うか、―って言うか／～っつうか、―っつうか／
～って言うか、何て言うか

* 友達以上恋人未満 …………… 友達より親密(しんみつ)だが、恋人ではない。

A：ね、あなた、あの人とはどんな関係なの？　彼女？　友達？
B：う～ん。彼女っつうか、友達っつうか。

繰り返す表現

58 〜とも―ともつかぬ

問題 ＿＿＿＿に入るものを選びなさい。

建物の中から、猫の声とも子供の声ともつかぬ泣き声が聞こえてくる。＿＿＿＿＿＿＿＿＿。

1 子供の声であることは、分かっているのだが
2 いったい何の声なのだろう

例文

＊海のものとも山のものともつかぬ……正体や可能性が全く分からない。

私がこのＩＴ関連会社に入った頃(ころ)は、インターネットがまだ海のものとも山のものともつかぬ時代であった。小規模(しょうきぼ)だった会社も、今ではＩＴ事業を幅広く行う企業(きぎょう)として急成長し、従業員(じゅうぎょういん)も２万人を超えた。

＊内縁(ないえん)関係……実際は結婚している状態(じょうたい)だが婚姻届(こんいんとどけ)を出していない関係。

男：あいつら二人、どういう関係？
女：結婚している**とも**、していない**ともつかぬ**関係よ。
男：じゃあ、一緒に住んではいるんだね。

＊イエティー……ヒマラヤにいると言われている雪男。

未確認生物、ヒマラヤの雪男(ゆきおとこ)は、人**とも**動物**ともつかぬ**大きな生き物です。目撃(もくげき)されたのは主にヒマラヤを中心とする山地です。身長は２〜４メートルで、足の大きさは足跡から推測(すいそく)すると50cm前後だと言われています。

意味・使い方は？

〜なのか—なのか、よく分からない

接続は？

動詞　普通形・現在形
い形容詞　普通形・現在形
な形容詞　普通形・現在形（現在肯定　〜だ）
名詞（現在肯定　〜だ）
　　　　　　＋　とも

＋
動詞　普通形・現在形
い形容詞　普通形・現在形
な形容詞　普通形（現在肯定　〜だ）
名詞（現在肯定　〜だ）
　　　　　　＋　ともつかぬ

確認問題・正しい答えは？

・日本の花火技術は世界でも最高水準と言われている。菊の花の小さい花弁(かべん)を正確にかたどった花火が打ち上げられるのを見たときは、感動とも驚(おどろ)きともつかぬ気持ちが＿＿＿＿＿＿＿＿＿＿。

1　湧(わ)くことはない　　2　どちらでもなかった
3　驚きとなった　　　　4　湧き上がってきた

くだけた会話では？

〜のか／のか分からない

* 身の上話(みのうえばなし)・・・・・・・・・・その人の生い立(た)ちや境遇(きょうぐう)など人生に関する話。

彼女は泣いている**のか**笑っている**のか分からない**顔で、身の上話をしていた。

「こと」「もの」の表現／仮定の表現／繰り返す表現

49-58　応用問題

問題　次の文の＿＿＿＿に入る最も適当なものを1～4から選びなさい。

（1）労働組合員たちの活動は、会社側にとってはよほど＿＿＿＿、会社は就業規則を厳しくするなどして規制しようとしている。
　　　1　不都合なことといえて
　　　2　不都合なこととみえて
　　　3　不都合なこともかえりみず
　　　4　不都合なことなしに

（2）道を聞こうと思って、声をかけたんだけど、＿＿＿＿日本語で話しかけたもんだから、日本人に早口で答えられて困っちゃったよ。今度からは、英語で話そう。
　　　1　ともすれば　　　　2　ひとたび
　　　3　なまじ　　　　　　4　せめて

（3）熊は＿＿＿＿人を襲えば、繰り返し人を襲うようになると言われている。
　　　1　ひと口　　　　　　2　ひとかど
　　　3　ひとたび　　　　　4　ひとまず

（4）タロー選手は素晴らしい選手です。打ってよし、守ってよしの完璧な野球選手です。彼に足りないものを＿＿＿＿ホームランが少ないことぐらいでしょうか。
　　　1　しいて挙げれば　　2　せめて考えると
　　　3　言うものだから　　4　ひとたび打つと

(5) 女Ａ：もうすぐ結婚式ね。幸せでしょう？
　　男Ｂ：それが、_____、これで本当によかったのかなって思ったりするんだ。
　　　1　結婚はさておき
　　　2　結婚もかえりみず
　　　3　いざ結婚となると
　　　4　結婚するなら、いざ知らず

(6) 人はトップの座につくと、_____独りよがりの判断を下しがちになる。
　　　1　ともなって　　　　2　ともすれば
　　　3　したがって　　　　4　だけあって

(7) あの店のラーメンは人気があり、平日_____週末_____、朝から行列ができている。
　　　1　と言わず・と言わず
　　　2　と言うか・と言うか
　　　3　はいざしらず・はいざしらず
　　　4　はさておき・もさておき

(8) 京都で私が見た仏像は、どれも嬉しい_____悲しい_____表情をしていて、とても神秘的であった。
　　　1　やら・やら　　　　　2　とか・ともつかぬ
　　　3　とも・ともつかぬ　　4　一方・一方の

「こと」「もの」の表現／仮定の表現／繰り返す表現

49-58 応用問題

(9) フィギュアスケートの演技はスポーツ_____、芸術_____…。どうしてあんな素晴らしい動きができるんだろうか。
   1 だろうが・だろうが
   2 とはいえ・とはいえ
   3 やら・やら
   4 と言おうか・と言おうか

(10) あの二人は同じ営業部の新入社員なのに、_____ずいぶん待遇が違うね。
   1 新入社員と言わず、営業部員と言わず
   2 ひとたび新入社員扱いされたとなると
   3 かたや新人扱い、かたや一人前に扱われ
   4 なまじ新入社員のものだから

総合問題

I 表現確認問題

II 会話完成問題

解　答

総合問題 I
表現確認問題

問題　次の文の_____に入る最も適当なものを1〜4から選びなさい。

（1）自分が困難を_____、人の痛みや苦しみが分かるようになるものですよ。
　　　1　避けて通ろうとすると
　　　2　経験してこそはじめて
　　　3　逃げてしまったら
　　　4　解決しなければ

（2）人の気分は天気に左右されやすい。このこと_____、人間はいかに不合理な生き物であるかが分かる。
　　　1　ならまだしも
　　　2　をもってしても
　　　3　ならいざしらず
　　　4　にしくはないが

（3）現代の生活は、パソコン抜きでは語れないと_____過言ではない。
　　　1　言えば　　　　　　2　言うと
　　　3　言っても　　　　　4　言ったら

（4）衣食住_____、医療や教育面でも充実している国で生活したいものです。
　　　1　をもってしても
　　　2　はこともあろうに
　　　3　はやむをえないが
　　　4　は言うにおよばず

(5) 本社役員：建設工事の進行が、だいぶ遅れているようですね。
現場主任：はい。しかし、建物の安全性を確保するためには、＿＿＿＿＿＿。
1　遅れもやむをえません
2　遅れては困ります
3　遅ればせながらです
4　遅れたらやめましょう

(6) 男：仕事に追われ＿＿＿＿＿＿休む時間が取れない。もう体がもたないよ。
1　まくって　　　　2　ようで
3　かたがた　　　　4　まみれで

(7) 私は画家だが、何をするときも音楽を聴いている。絵を描いているときはもちろん、歩いているときも電車に乗っているときも聴いている。私の人生に音楽は＿＿＿＿＿＿。
1　至らない　　　　2　欠かせない
3　ほかならない　　4　なくもない

(8) 男：年賀状を筆で書いてみたんだけど、10枚も書いたら肩が凝って、もう諦めたよ。
女：そう。ふだん筆で＿＿＿＿＿＿、大変よね。
1　書くべきものだから
2　書きつけていないから
3　書きこなしたから
4　書くにたるものだから

解答はP 178

総合問題 I
表現確認問題

(9) 男A：今度の新商品の開発、やっと決まったな。
　　　男B：ああ、だけどA社では半年も前から同じような開発を進めているらしいよ。
　　　男A：それじゃ、我が社がA社に_____な。
　　　　1　負けることはありえない
　　　　2　勝てることは無理もない
　　　　3　出遅れたわけではない
　　　　4　出遅れたことは否めない

(10) 株を買うなら、相場の変動を観察し、じっくり構えて慎重に行動する_____。
　　　　1　にいたっている
　　　　2　にたえない
　　　　3　にはあたらない
　　　　4　にしくはない

(11) 家族にも友人にも恵まれている彼が、さらに仕事でも成功していることに反感を感じるのは、_____のひがみなのだろうか。
　　　　1　持つべき者　　　　　　2　持てばよい者
　　　　3　持っている者　　　　　4　持たざる者

(12) スランプを克服するには練習しかないという状況下で練習を続け、上達して行くのが_____。
　　　　1　スポーツが欠かせない
　　　　2　スポーツではあるまいか
　　　　3　スポーツでもやむをえない
　　　　4　スポーツにかかっている

(13) 学生A：鈴木君ときたら、また居眠りしてる…。
　　　学生B：バイトが深夜までなんだって。
　　　学生A：そうか、じゃ、＿＿＿＿＿＿。
　　　　1　眠くならないのはもってのほかだ
　　　　2　眠くなるのも無理ないや
　　　　3　眠くならないわけだ
　　　　4　眠くなることは言うにおよばずだね

(14) 今日は久しぶりの飲み会なので、仕事＿＿＿＿＿＿、会社を出た。
　　　　1　こそあれ　　　　　　2　もそこそこに
　　　　3　にのっとり　　　　　4　ともなく

(15) この新薬に副作用が＿＿＿＿＿＿、今後の我が社の発展を大きく左右するのみならず、患者たちの将来にもかかわる重要な問題である。
　　　　1　認められたにもかかわらず
　　　　2　認められるか否かは
　　　　3　なければこそ
　　　　4　あったからには

(16) 女：あなたの自転車、空気が抜けてるじゃない。＿＿＿＿＿＿、両方抜けてる。こんなんで走れるの？
　　　　1　片方はさておき
　　　　2　片方だけなら
　　　　3　片方ならまだしも
　　　　4　片方でもまし

解答はＰ178

総合問題I
表現確認問題

(17) いつから＿＿＿＿公園に若者たちが集まってダンスを踊ったり、歌を歌ったりするようになり、今では近所迷惑だとの苦情も出ている。

  1 とみるや   2 とばかりに
  3 ともなると   4 ともなく

(18) 金策が尽き果てた社長は、見栄も外聞＿＿＿＿、学生時代の後輩にまで借金をしていた。

  1 と見るや   2 ならまだしも
  3 もあらばこそ   4 といわず

(19) スパイ・００７：秘密を漏らすな。＿＿＿＿秘密が漏れれば、我々の明日はない。

  1 ひと息   2 ひと声
  3 ひとたび   4 ひと目

(20) この難曲を弾きこなせるピアニストは、＿＿＿＿。彼にしかこの曲は弾けないといっても過言ではない。

  1 彼が欠かせない
  2 彼をおいてほかにはない
  3 彼こそである
  4 彼にかかっている

(21) 男：こんな＿＿＿＿店の、どこがいいんだい？
  女：この、のんびりとした素朴な雰囲気がいいんじゃないの。

  1 田舎ぶった   2 田舎がしみた
  3 田舎すぎた   4 田舎じみた

(22) 医者に処方された薬を＿＿＿＿＿＿、ちっとも治らないなんて言う患者がたまにいるんだって。
　　1　飲んでこそはじめて
　　2　飲みもしないで
　　3　飲んだきらいがあり
　　4　飲んでもやむをえず

(23) その知事は、「県のルネッサンス革命の＿＿＿＿＿＿人物を求む」という職員募集広告をウェブサイトに掲載した。
　　1　同志たらんとする
　　2　同志にかかっている
　　3　同志こそある
　　4　同志なればこその

(24) 可愛がっていたペットが死んだときの息子の＿＿＿＿＿＿、誰にも慰められないほど深いものだった。
　　1　悲しいたるや
　　2　悲しくてたるや
　　3　悲しむたるや
　　4　悲しみたるや

(25) 女性社員：専門分野＿＿＿＿＿＿デザイナーたちが集まってのワークショップが企画されていますよ。
　　男性社員：へえぇ、楽しみだね。発想の違いが出て、面白いだろうな。
　　1　のことによる　　　　2　はほかでもない
　　3　を異にする　　　　　4　もそこそこに

解答はP 178

総合問題Ⅰ
表現確認問題

(26) 女：今日、後輩に「センスいいですね」って言われちゃった。
　　　男：そんなのお世辞に決まってるだろう。「ゴマスリ」だよ。
　　　女：でも、＿＿＿＿＿＿。本当にそう思ってたみたいよ。
　　　　1　お世辞ならいざしらず
　　　　2　まんざらお世辞じゃない口ぶりだった
　　　　3　そんなお世辞などもってのほかよ
　　　　4　お世辞にすぎなかったんだから

(27) 男：昨日、茶道の会に、誘われたんだけどね。ほんとうに参ったよ。
　　　女：どうしたの。
　　　男：ずっと正座していなきゃいけなかったから、足がしびれちゃって、いざ立とうとしたとき＿＿＿＿＿＿、ひっくり返っちゃったんだ。
　　　　1　立つ気になって
　　　　2　立ちそこなって
　　　　3　立つのをやめて
　　　　4　立ちすぎて

(28) 簡単なレポートだと思って読み始めたのですが、実に＿＿＿＿＿＿いいレポートでした。非常に参考になりました。
　　　　1　読まずにはおかない
　　　　2　読みがいのある
　　　　3　読むにたえない
　　　　4　読むべからざる

(29) 私はこの町を散策(さんさく)するのが好きだ。洋風建築を真似た_____新しい発想でデザインした_____建物が立ち並ぶ町並みが気に入っている。
　　1　とも・ともつかぬ
　　2　から・までの
　　3　ごとく・きらいがある
　　4　までもなく・までもない

(30) 新米ママ：子供が生まれた。3時間おきにミルクを飲ませなければならないので、睡眠不足でふらふらだ。
　　　　　　あ～_____朝までぐっすり寝たい。
　　1　一晩とはいえ
　　2　いざとなると一晩
　　3　しいて言えば一晩
　　4　せめて一晩なりとも

(31) 女A：あのお宅、_____奥さんに収入があるもんだから、ご主人がそれを当てにして働かないそうよ。
　　女B：困ったもんね。
　　1　かたや　　　　　　　2　なまじ
　　3　いざしらず　　　　　4　いざ

(32) ボーイフレンドに高価(こうか)なプレゼントを買ってもらうのは、彼女にとっては_____、別段喜ぶ様子もない。
　　1　ありえないほどで
　　2　嬉(うれ)しいことと思って
　　3　珍しいことで
　　4　当然のこととみえて

解答はP 178

総合問題 I
表現確認問題

(33) オリンピックの聖火は伝統＿＿＿＿＿＿、ギリシャで採火されます。
  1　にかわって   2　にのっとって
  3　にかぎって   4　にあたって

(34) テレビで、我が身の危険＿＿＿＿＿＿、子供たちを守ろうとする動物の親の姿を見て感動した。
  1　もかえりみず   2　にかこつけて
  3　にのっとり   4　もやむをえず

(35) 男：桜の花の美しさ＿＿＿＿＿＿、友達と桜の木の下で、飲んだり食べたりするのが花見の楽しみだな。
  1　こそあれ   2　と言おうか
  3　もかえりみず   4　もさることながら

(36) 日常の何でもない道具も、＿＿＿＿＿＿凶器になってしまう。
  1　使いようによっては
  2　使ってはじめて
  3　使おうと見るや
  4　使い方にのっとり

(37) 今年の営業部の反省会では、＿＿＿＿＿＿さまざまな発言が飛び出した。
  1　意見と言っても、愚痴と言っても
  2　意見と言うと、愚痴と言うと
  3　意見と言おうか、愚痴と言おうか、
  4　意見と言うも、愚痴と言うも

(38) 銀行が企業に融資するかどうかは、借り入れを申し込んでいる企業に返済能力があるかどうかに＿＿＿＿＿＿。
　　1　あたらない
　　2　かたくない
　　3　かかっている
　　4　こしたことはない

(39) 駅や広場には、観光客と＿＿＿＿＿＿近寄ってきて、手作りのアクセサリーや人形を売ろうとする人たちが大勢いた。
　　1　みるや　　　　　　　2　したら
　　3　しても　　　　　　　4　言わず

(40) 彼女は＿＿＿＿＿＿出会いのチャンスを逃し、まだ人生の最良のパートナーと巡り合っていないそうです。
　　1　仕事にかまけて
　　2　仕事にまけて
　　3　仕事をかえりみず
　　4　仕事をふまえて

(41) 女：私の部屋は本だの人形だのが山積みになっています。思い切って捨てようと決心したのですが、＿＿＿＿＿＿思い出がよみがえり、捨てられないんです。
　　1　いざ捨てるとなると
　　2　捨てるのもむりからぬと
　　3　捨ててもやむをえないと
　　4　捨てるならまだしも

解答はP 178

総合問題Ⅰ
表現確認問題

(42) うちの息子ときたら、25歳にもなるのに、＿＿＿＿＿＿親に頼ろうとするんで、困ったもんですよ。
  1　とやかく　　　　　　2　とりたてて
  3　ともすると　　　　　4　ともなると

(43) コンビニのゴミ箱に家庭ゴミが捨てられている＿＿＿＿＿＿、各コンビニのゴミ箱の撤去が提案されている。
  1　現状をふまえて
  2　現状をかえりみず
  3　現状も無理からぬ
  4　現状にかかっている

(44) うちの猫は、家具＿＿＿＿＿＿観葉植物＿＿＿＿＿＿、なんでも噛んでしまうので、困ったものだ。
  1　とはいえ・言わず
  2　ときたら・ときたら
  3　とばかりに・とはいえ
  4　と言わず・と言わず

(45) 有名進学校の校長先生＿＿＿＿＿＿人が、居酒屋で酒に酔って暴れたんだって。信じられないよ。
  1　に越したことはない
  2　ともあろう
  3　ならではの
  4　ともつかぬ

(46) 私は会社の経営、さらにエコロジー研究会の会長としての責任を果たすということで頭がいっぱいで、個人的な望みというのはありませんね。＿＿＿＿＿＿＿、犬と散歩する時間が欲しいことぐらいかな。
　　1　言うならまだしも
　　2　いざと言うと
　　3　しいて言えば
　　4　言わないくせに

(47) 男：あの病院の先生たちは、腕は確かだし、気さくで＿＿＿＿＿＿し、患者がつめかけるのもよく分かるよ。
　　1　偉くない　　　　　　2　偉そうだ
　　3　偉くあるまい　　　　4　偉ぶってない

(48) 母親というものは、疲れていようと具合が悪かろうと、自分のこと＿＿＿＿＿＿＿、まず子供のことを一番に考えるものだ。
　　1　はまんざらで
　　2　はそこなって
　　3　はさておき
　　4　はことごとく

(49) 30代半ば過ぎてしまいましたが、まだ親の援助（えんじょ）を受けながら研究生活を続けております。早く人＿＿＿＿＿＿＿生活ができるようにならなければと思っております。
　　1　なみの　　　　　　　2　だけの
　　3　に欠かせない　　　　4　気味の

解答はP 178

総合問題 II
会話完成問題

問題　次の文の＿＿＿＿に入る最も適当なものを1～4から選び、会話を完成させなさい。

(1)　A：いつの間にかコートが欠かせない季節になりましたね。
　　　B：そうですね。＿＿＿＿＿＿＿＿＿＿。
　　　　1　まだまだ暑いですからね
　　　　2　朝夕は肌寒く感じますからね
　　　　3　まだ、半そででいいですね
　　　　4　コートは必要ないですね

(2)　女：何読んでるの？
　　　男：永田風月の新作。
　　　女：それって、芸術か否かって、問題になっている本でしょう。
　　　男：僕は、芸術だと思うけど、＿＿＿＿＿＿＿＿＿＿。
　　　　1　人によって受け取り方は違うってことはないな
　　　　2　みんなも芸術だって思っているよ
　　　　3　芸術らしい問題があるからな
　　　　4　人によって受け取り方が違うだろうな

(3)　社長：我が社が大企業と競争する手段は、技術力をおいてほかにはないんだ。
　　　部長：おっしゃる通りです。＿＿＿＿＿＿＿＿＿＿。
　　　　1　技術はさておき営業に力を入れましょう
　　　　2　優秀な技術者を育てなければなりませんね
　　　　3　技術力のある企業が必要ですね
　　　　4　他の競争手段も考えましょう

(4) 男：松本さん、授業を欠席することが多いんだってね。
女：いいえ、誰が言ったんですか。私は遅れこそすれ、休んだことなんてないのに。
男：＿＿＿＿＿＿＿＿＿＿。
　1　そんなこと自慢するなよ
　2　遅れたことはないんだ、誤解してごめん
　3　そうなんだ、休んだだけなんだ
　4　そんなに、がっかりするなよ

(5) 男：今、マスコミで話題になっている新進画家Xの個展を見に行ってみたんだけど、その作品たるや…。
女：どうだったの？
男：＿＿＿＿＿＿＿＿＿＿。
　1　自画像や人物画が多かったよ
　2　見るともなく見ていたよ
　3　新しいものと古いものとがあったよ
　4　見るにたえないものばかりだったよ

(6) A：我が社は、経営コンサルタント会社として、常にお客様の一番のビジネスパートナーたらんとし、努力いたしております。
B：そうですか。＿＿＿＿＿＿＿＿＿＿。
　1　それは心強いですね
　2　すべきことはありませんね
　3　それはしかねますね
　4　見下げたもんですね

解答はP 178

総合問題II
会話完成問題

(7)　歯科医：半年後にまた定期検診に来てください。歯の健康は体の
　　　　　　　健康そのものと言っても過言ではありませんよ。

　　　患　者：じゃあ、＿＿＿＿＿＿＿＿＿＿。

　　　　1　歯の健康は体の健康そのものとは言い過ぎですね
　　　　2　歯を大事にしないといけませんね
　　　　3　歯と体の健康は関係がないんですね
　　　　4　体の健康は考えなくてもいいですね

(8)　女：実はね、うちの祖母と彼のおじいさんは、昔、恋人同士だっ
　　　　　たって。でも、祖母が彼のおじいさんを振ったんだって。そ
　　　　　れで、彼のおじいさん、とっても祖母を恨んでたって。
　　　男：すごい…。おじいさんの恨みが君にかかってくるかもな。
　　　女：因縁じみてるけど、生まれる前からの運命ってあるでしょう。
　　　　　だから…。
　　　男：＿＿＿＿＿＿＿＿＿＿。

　　　　1　そうだな。今度は君が振られるかも
　　　　2　そうなんだ、もう振られちゃったんだ
　　　　3　今度こそ君が彼を振るんだな
　　　　4　今度こそ二人は別れるんだ

(9)　女Ａ：うちの子には困ってるのよ。何をやらせても他の子と同じ
　　　　　　ようにできなくて。
　　　女Ｂ：そんなに心配しなくてもいいんじゃない。あの天才エジソ
　　　　　　ンも、子供のときは変わったことばかりして、周りから「で
　　　　　　きそこない」のように言われてたんだって。お宅の坊やに
　　　　　　も何か才能があるのかも。
　　　女Ａ：＿＿＿＿＿＿＿＿＿＿。とても心配。

1　それは当たり前だよね
2　そうだったらいいんだけどね
3　それは嘘にちがいないね
4　それも困ったもんだわね

(10)　男性社員Ａ：大阪支社から人が来るし、連日会議はあるし、今週は忙しかったな。
　　　男性社員Ｂ：ああ。それに課長からは売り上げのことで説教されるしさ。ストレス発散しないと身がもたないよ。
　　　男性社員Ａ：よし。それじゃあ今日は、仕事なんかそこそこにして、渋谷にでも繰り出そうぜ。
　　　男性社員Ｂ：いいねえ。＿＿＿＿＿＿＿＿＿＿＿＿。
　　　1　金曜日だけど、もう少し仕事しようよ
　　　2　仕事は、もうこの辺でいいだろう
　　　3　仕事、全部きちんと片付けてから行こうよ
　　　4　渋谷で仕事をするんだね

(11)　Ａ：いよいよ、ヒマラヤ登山に出発だね。
　　　Ｂ：長い間計画したんだもん、楽しみなんだけど。
　　　Ａ：準備できた？
　　　Ｂ：完璧だと思うけど、いざ出発となるとね…。
　　　Ａ：やっぱり＿＿＿＿＿＿＿＿＿＿？
　　　1　早く行きたいでしょう
　　　2　安心でしょう
　　　3　心配はないでしょう
　　　4　なんとなく不安でしょう

総合問題 II
会話完成問題

(12) A：本当に喜びを分かち合える人こそ、真の友人ではあるまいかと、私は思っております。

　　　B：＿＿＿＿＿＿＿＿＿＿。

　　　1　そうですね。そんな人は友人ではないでしょう
　　　2　そうです。そんな人こそ真の友人です
　　　3　そうですか。そんな人がいましたか
　　　4　そうですか、友人がいないんですか

(13) 男：昨日はひどい目にあったよ。

　　　女：どうしたの。

　　　男：いやあ、課長に「二次会！　三次会！」って付き合わされたせいで、終電に乗りそこなっちゃって、朝まで公園のベンチだよ。

　　　女：＿＿＿＿＿＿＿＿＿＿。

　　　1　付き合いが悪いですね
　　　2　それは、よかったですね
　　　3　それは、お気の毒に
　　　4　公園は気持ちがいいですよね

(14) 女：佐藤君ね、初デートだからって、友達から高級車を借りて行ったら、事故っちゃって大変だったんですって。

　　　男：へえ…、無理して運転しつけない高級車なんか運転するからだよ。

　　　女：そうよね。＿＿＿＿＿＿＿＿＿＿。

　　　1　いつも高級車にすればよかったのに
　　　2　いつも運転しているのに
　　　3　いつものボロ車にすればよかったのに
　　　4　いつもは上手に運転できないのに

(15) 母：もう遅いから、寝なさいよ。
　　　子：寝られないよ。明日試験があるから、徹夜で勉強しなきゃ。
　　　母：健康な体があってこそはじめて勉強の成果が上がるのよ。
　　　　　_____。
　　　　1　徹夜してでも頑張らないと
　　　　2　目をさましていなさい
　　　　3　無理して徹夜なんてしちゃだめ
　　　　4　明日の試験はよくできるわね

(16) 女A：また消費税が上がるらしいね。
　　　女B：どうせお役人は、国の財政を安定させるためには国民の負担が増加してもやむをえないって考えてるんでしょうね。
　　　女A：まったく、_____。
　　　　1　夢じゃないわね
　　　　2　うらやましいね
　　　　3　やめてみたいわ
　　　　4　冗談じゃない

(17) 女A：ね、彼また詐欺に引っかかったって。
　　　女B：またなの。
　　　女A：人がいいって言うか、馬鹿って言うか…。
　　　女B：_____。
　　　　1　いい人よね
　　　　2　本当に困ったもんね
　　　　3　ばかばかしいね
　　　　4　彼は頭がいいよ

解答はP 178

総合問題 II
会話完成問題

(18) A：以前はヘビースモーカーで、仕事中と言わず休憩中と言わず、たばこをすぱすぱ吸っていたんですが、医者から注意を受けて、去年きっぱりとやめましたよ。
B：それじゃ、以前は、＿＿＿＿＿＿＿＿＿＿。
　　1　仕事中には吸わなかったんですね
　　2　休憩中だけ吸ってたんですね
　　3　一日中吸ってたんですね
　　4　仕事中だけ吸ってたんですね

(19) 女：私たちが送った救援物資は、本当に、生活に困っている人に届いているのかなあ。
男：救援物資が着いたとみるや軍人がそれを横取りするんだって。
女：＿＿＿＿＿＿＿＿＿＿。
　　1　そうか、困っている人に届いてるんだ
　　2　軍人が見張っているなら、安心だね
　　3　そうなの、届いてないんだ。やっぱり
　　4　軍人に届いているなら安心だ

(20) 男：ＪＬチームの山田選手、残留とも移籍ともつかぬ発言をしてるらしいよ。
女：年俸が問題になってるのかなあ。
男：そうかもしれないな。それで＿＿＿＿＿＿＿＿＿＿。
　　1　やはりＪＬチームに残る決心をしたんだね
　　2　そのまま残るか、他に移籍か決めかねてるんだな
　　3　年俸の高いチームに移る決心をしたんだね
　　4　いよいよ選手を引退する決心をしたんだね

(21) A：彼女ったら、コンサート前にバイオリンを電車に忘れちゃったんだって。
　　 B：バイオリニストともあろう人が、肝心のバイオリンを忘れるなんて、＿＿＿＿＿＿＿＿＿＿。
　　　1　仕方がないことだよ
　　　2　よくあることだと思うな
　　　3　注意はしなくてもいいよね
　　　4　不注意ったらないね

(22) 男A：いつもラジオをつけてるんだね。
　　 男B：うん、聞くともなく聞いているだけだよ。
　　 男A：＿＿＿＿＿＿＿＿＿＿。
　　　1　聞きたい番組があるんだね
　　　2　その番組が好きなんだね
　　　3　そんなに聞きたいわけじゃないんだね
　　　4　何も聞きたくないんだね

(23) 男子学生：今日、Y社の面接だったんだけど、控え室で他社の資料見てるのがいたよ。
　　 女子学生：いくら控え室だといっても、他社の資料見るなんてもってのほかよね。
　　 男子学生：そうだよね。＿＿＿＿＿＿＿＿＿＿。
　　　1　控え室なら、ま、いっか
　　　2　普通、見るよな
　　　3　普通、見ないよね
　　　4　見てもいいよ

解答はP 178

総合問題Ⅱ
会話完成問題

(24) 女：Ｓ病院に入院してたんだってね。あの病院は、設備が高級ホテルなみだって聞いたけど。
　　　男：そうなんだ。＿＿＿＿＿＿＿＿＿＿。
　　　　1　病室はせまいし、食事もおいしくないしね
　　　　2　病室は豪華だし、食事もおいしいしね
　　　　3　ホテルらしくなかったよ
　　　　4　病院らしい病院だよ

(25) Ａ：関東地区販売担当のチーフになったんだってね。関東地区は初めてでしょ。これから大変だね。
　　　Ｂ：担当したことのある地区ならいざしらず…。
　　　Ａ：＿＿＿＿＿＿＿＿＿＿？
　　　　1　うれしいだろう
　　　　2　気持ちがいいだろう
　　　　3　気が楽だろう
　　　　4　気が重いだろう

(26) 男：今日は暑いなあ。
　　　女：じわじわ暑くなるならまだしも、いきなり３０度を越すなんてね。
　　　男：＿＿＿＿＿＿＿＿＿＿。
　　　　1　急に暑くなってよかったよ
　　　　2　体の調子もおかしくなるよね
　　　　3　じわじわ暑くなるのはいやだよね
　　　　4　元気が出てきたよ

(27) 先生：いよいよ明日から夏休みだ。みんな頑張ってるとは思うが、希望の大学に入れるかどうかは、この夏の勉強にかかってるぞ。
　　　生徒：はい、＿＿＿＿＿＿＿＿＿＿。
　　　　1　秋になったら本格的にやります
　　　　2　夏休みに頑張っても、もう遅いですね
　　　　3　秋になってからでも遅くはないですね
　　　　4　夏休みは必死で頑張ります

(28) 男：バイオマス燃料が注目されてきたな。
　　　女：グリーン・エネルギーに関心が出てきたし、石油の値段も高いからね。
　　　男：値段もさることながら、石油は将来なくなる恐れもあるよね。
　　　女：＿＿＿＿＿＿＿＿＿＿。
　　　　1　やっぱりグリーン・エネルギーは必要ないね
　　　　2　なくなっちゃったら、どうしようもないしね
　　　　3　石油も安くなっちゃった。どうしよう
　　　　4　高くても安くてもたいして変わらないからね

(29) 俳優：「週刊フライヤー」に俺たちのことが出てるよ。
　　　妻　：えっ、何て書いてあるの？
　　　俳優：「半年前から別居、もうすぐ離婚か？」だってさ。
　　　妻　：事実を確かめもしないで＿＿＿＿＿＿＿＿＿＿。
　　　　1　書いたほうがよかったのに
　　　　2　よくそんなことが書けるよね
　　　　3　書けないことはないよね
　　　　4　よく書かなかったもんね

解答はP 178

総合問題 II
会話完成問題

(30) 息子：俺、絶対ミュージシャンになるぞ。
　　　父親：ミュージシャンか。夢もいいけど、夢にかまけて現実を忘れるなよ。
　　　息子：うん、＿＿＿＿＿＿＿＿＿＿。
　　　　1　分かったよ
　　　　2　忘れたよ
　　　　3　夢を忘れるよ
　　　　4　夢だな

(31) 女性社員：彼のプレゼン、どうだった？
　　　男性社員：やっぱ、彼、話がうまいね。聞いている者を引き付けるよな。
　　　女性社員：それで、話のうまさはさておき、＿＿＿＿＿＿＿＿＿？
　　　　1　内容がよかったのね
　　　　2　内容も話し方もよくなかったの
　　　　3　内容も話し方もよかったのね
　　　　4　内容はどうだったの

(32) 母：お化粧なんかして、大人ぶるのやめなさい。
　　　娘：いいでしょ、しても。みんなやってるよ。
　　　母：何、言ってるの、＿＿＿＿＿＿＿＿＿＿。
　　　　1　大人っぽくないでしょ
　　　　2　子供らしいでしょ
　　　　3　まだ中学生でしょ
　　　　4　もう高校生でしょ

(33) 女：今日、カラオケ行く？
　　 男：うん。今日も歌いまくるぞ。
　　 女：＿＿＿＿＿＿＿＿＿＿。
　　　1　あんまり歌いたくないみたいね
　　　2　1曲でもいいから歌ってね
　　　3　いったい何曲歌うつもりなの
　　　4　1曲しか歌わないつもりなの

(34) 女：昨日の火事すごかったけど、住んでた人は助け出されたってね。お年寄りの一人暮らしだったそうよ。
　　 男：隣(となり)の家の人が助け出したって。自分の命もかえりみずにね…。
　　 女：＿＿＿＿＿＿＿＿＿＿。
　　　1　勇気が出せなかったのね
　　　2　勇気があるね
　　　3　自分の安全を考えたのね
　　　4　自分の命が一番大事だもんね

(35) 女A：オレオレ詐欺にあったんだって？
　　 女B：そうなのよ。男性の声で突然電話があって、「事故(じこ)に遭(あ)った」って言ったっきり、泣くばかりで…。てっきり息子だと思って、オロオロしていると、突然男の人が電話に出て、「警察ですが…」って。その人が、警官よろしくあれこれ説明し始めたの。
　　 女A：＿＿＿＿＿＿＿＿＿＿。
　　　1　それで、信じちゃったのね
　　　2　それじゃ、信じられないよね
　　　3　それで、分かったのね
　　　4　警官がよろしくって言ったのね

解答はP 178

総合問題 II
会話完成問題

(36) 女：彼、首になったんだって。
　　　男：ああ、でも「それも、無理からぬことだ」って言ってる人が多いよ。
　　　女：＿＿＿＿＿＿＿＿＿＿。
　　　　1　会社のやり方はひどいよ
　　　　2　ダントツで、業績上げてたしね
　　　　3　あれだけ、ミスを重ねればね
　　　　4　無理を承知でやってるんだ

(37) A：物価がどんどん上がってきましたね。
　　　B：消費税も上がるそうですね。
　　　A：せめて毎日の食料品なりとも無税にしてほしいというのが、国民の望みなんですが。
　　　B：そうですよね。＿＿＿＿＿＿＿＿＿＿。
　　　　1　食べるわけにはいかないから
　　　　2　食べないわけにはいかないんだから
　　　　3　いざとなると食べるしね
　　　　4　他の物も無税になるだろうから

(38) 日本人男：外国にいるとき、友人に日本語教えてって言われて教えようとしたんだ。でも、教えられるようで教えられないもんだね。
　　　日本人女：＿＿＿＿＿＿＿＿＿＿。
　　　　1　母国語だもん、簡単よね
　　　　2　それはよかったね
　　　　3　教えてもらったんだ
　　　　4　説明するのが難しいかもね

(39) 女性社員：会社で社内誌を作るんだって。それで、私が編集長に選ばれたの。
　　　男性社員：社内誌なんて、誰も読まないんじゃないか。
　　　女性社員：でも、書きようによっては…。
　　　男性社員：そうだな、＿＿＿＿＿＿＿＿＿＿。
　　　　1　書きようがないな
　　　　2　書いてくれるよ
　　　　3　読みようがないよ
　　　　4　読んでくれるかもな

(40) A：どうしてこんな金融危機に陥ってしまったんだろうね。
　　　B：世界中の金融の専門家をもってしても予測できなかったことだって。
　　　A：そうか、専門家＿＿＿＿＿＿＿＿＿＿。
　　　　1　だけが分からなかったんだ
　　　　2　でも分からなかったんだ
　　　　3　だからこそ分かったんだ
　　　　4　なら分からないようで分かったんだ

(41) A：オリンピックに出たバトミントンのペアーは人気があるね。
　　　B：でも、オリンピックが終わったらどうするんだろう。
　　　A：かたや引退、かたや次回のオリンピックを目指すって。
　　　B：＿＿＿＿＿＿＿＿＿＿。
　　　　1　二人ともやめるんだ
　　　　2　じゃ、解散するんだ
　　　　3　二人で頑張るんだ
　　　　4　いつも一緒でいいね

解答はP 178

総合問題II
会話完成問題

(42) 女：人に喜んでもらえるやりがいのある仕事を探しているんだ。どんな仕事がいいと思う？

男：やりがいがあるかないかは、君が自分で判断することじゃないかな。

女：そうか。＿＿＿＿＿＿＿＿＿＿＿。

1　よく考えてみてよ
2　自分で判断できないな
3　自分で考えなくちゃね
4　みんなの判断が必要だ

(43) A：あの人、どうしてこの会の代表に選ばれたんですかね。

B：彼はなまじ弁が立つもんだから、代表にふさわしいと思われたんですよ。

A：＿＿＿＿＿＿＿＿＿＿＿。

1　そうですね。代表としてふさわしいですね
2　この会の代表的な人ですからね
3　確かに話は上手なんですが…ね
4　確かに話下手ですし…ね

(44) 助手：教授、10年前に集めた資料が出てきましたが、どうしましょうか。捨てましょうか。

教授：あ、それね、資料的価値がまんざらないわけではないんだ。

助手：＿＿＿＿＿＿＿＿＿＿＿。

1　じゃ、捨てましょう
2　貴重なものですね
3　では、一応とっておきましょう
4　とっておくこともないですね

(45) 男：見事な新緑ですね。
　　　女：この地方は季節によって、山々が趣を異にするので、ぜひまた、いらっしゃってください。
　　　男：そうなんですか。じゃ、またぜひ来ますよ。
　　　　　_____。
　　　　1　いつ見ても変わらない景色を見るのは楽しいものですね
　　　　2　今度来たときはどんな景色が見られるかな。楽しみですよ
　　　　3　また、美しい緑が心を癒してくれますね
　　　　4　一年を通して一面緑だなんて、素晴らしいですよね

(46) 男：あの国は核兵器を廃棄する気はあるのかな。
　　　女：そんな気は毛頭ないと思いますよ。
　　　男：そうだな。_____。
　　　　1　気持ちはあるらしいけどね
　　　　2　核兵器なんてあるはずがないよ
　　　　3　あればとっくに廃棄してるよな
　　　　4　核兵器は絶対あると思うよ

解答はP 178

総合問題解答

総合問題Ⅰ　表現確認問題

P 150　（1）2　（2）2　（3）3　（4）4
P 151　（5）1　（6）1　（7）2　（8）2
P 152　（9）4　（10）4　（11）4　（12）2
P 153　（13）2　（14）2　（15）2　（16）3
P 154　（17）4　（18）3　（19）3　（20）2　（21）4
P 155　（22）2　（23）1　（24）4　（25）3
P 156　（26）2　（27）2　（28）2
P 157　（29）1　（30）4　（31）2　（32）4
P 158　（33）2　（34）1　（35）4　（36）1　（37）3
P 159　（38）3　（39）1　（40）1　（41）1
P 160　（42）3　（43）1　（44）4　（45）2
P 161　（46）3　（47）4　（48）3　（49）1

総合問題Ⅱ　会話完成問題

P 162　（1）2　（2）4　（3）2
P 163　（4）1　（5）4　（6）1
P 164　（7）2　（8）1　（9）2
P 165　（10）2　（11）4
P 166　（12）2　（13）3　（14）3
P 167　（15）3　（16）4　（17）2
P 168　（18）3　（19）3　（20）2
P 169　（21）4　（22）3　（23）3
P 170　（24）2　（25）4　（26）2
P 171　（27）4　（28）2　（29）2
P 172　（30）1　（31）4　（32）3
P 173　（33）3　（34）2　（35）1
P 174　（36）3　（37）2　（38）4
P 175　（39）4　（40）2　（41）2
P 176　（42）3　（43）3　（44）3
P 177　（45）2　（46）3

使える名句

ことわざ・四字熟語・
流行語など

名句	意味

【あ】

- Iターン現象 …… 都会を捨て、田舎で生活する人々が増えている現象。
- アイドル追っかけ …… アイドルを追って移動するファン。
- アキバ系(けい) …… 秋葉原(あきはばら)にいるパソコンが大好きな人たち。
- 悪徳(あくとく)商法 …… 嘘(うそ)を言って客から金銭(きんせん)をだまし取るやり方。
- 朝市 …… 朝のうちに開かれる市場。
- 朝練(あされん) …… 部活動などで、学生が、朝、授業(じゅぎょう)の前に行う練習。
- 後の祭り …… 時機遅れで、無駄(むだ)なこと。
- アリバイ …… 犯罪の現場にいなかったという証明。
- アルキメデスの原理 …… 〈アルキメデスが発見した法則〉
- 暗中模索(あんちゅうもさく) …… 手がかりのないものを探すこと。

【い】

- イエティー …… ヒマラヤにいると言われている雪男。
- イケメン …… カッコイイ男性。
- いざというとき …… 何か重大なことが起きた場合。
- 石頭 …… 頭が固く頑固(がんこ)なこと。
- 石橋を叩(たた)いて渡る …… 慎重(しんちょう)に物事をすること。
- 医者の不養生(ふようじょう) …… 専門家ほど、すべきことを知っていながら実行しない。
- 至(いた)れり尽(つ)くせり …… 注意や、配慮(はいりょ)などがすみずみまで行き届くこと。
- 一難去って、また一難 …… 次々と問題が起きる。
- 一日千秋(せんしゅう)の思い …… 待ち遠しく思う。
- 一気呵成(かせい) …… すばやく物事を行うこと。
- 一寸先(いっすんさき)は闇(やみ) …… 先のことは全く分からない。
- 犬は人につき、猫は家につく …… 犬は人が好き、猫が家が好き。
- 異文化理解 …… 異文化間で互いの文化、人権等を尊重すること。

名句	意味

鰯(いわし)の頭も信心から …………… 魚の頭でも神と信じれば大切なものになる。

【う】

嘘(うそ)つきは泥棒(どろぼう)の始まり ……………………… 嘘をついてはいけないということ。
馬の耳に念仏(ねんぶつ)………………………………… 人の意見や忠告を聞かない。
海のものとも山のものともつかぬ …………… 正体や可能性が全く分からない。
売り言葉に買い言葉……………… 乱暴な言葉に乱暴に答えて喧嘩(けんか)をすること。
運命の赤い糸………………… 関係が深い者同士は赤い糸(どうし)でむすばれている。
運を天に任せる…………………………………… 事の成り行きに従(したが)う。

【え】

エコライフ………………… 省エネルギーや環境(かんきょう)を守ることを重視(じゅうし)する生活。
絵にかいた餅(もち)……………………… 言葉だけで、現実には役に立たないもの。

【お】

奢(おご)る者久しからず……………… 権力を持ち勝手な振(ふ)る舞(ま)いをする者は滅(ほろ)びる。
おしゃべり………………………………………… よくしゃべる人。
お受験……………………………………… 有名小学校に子供を入学させること。
お節介(せっかい)焼き……………… 必要もないことに口を出したり、世話をしたりする人。
お袋の味……………………………………… 母親が作った料理の味。
親の心子知らず………………… 親が子供を思う気持ちは子供には分からない。
お山の大将……………………………………… 自分が一番だと思っている人。
終わり良ければすべて良し…………… 結果が大事で、経過は問題ではない。
温故知新(おんこちしん)………… 古くから伝わっていることを大切にして新しいことを学ぶ。

名句	意味

ka 【か】

- カード破産……………………クレジットカードで使った金が返済できなくなること。
- 外見重視（じゅうし）………………………能力や性格より顔やスタイルを重視すること。
- 海賊版（かいぞく）……………………………………出版物を無断で複製したもの。
- 格差社会………………………人々の収入・生活水準などに大きな差がある社会。
- 肩の荷が下りる…………………………心配事などがなくなりほっと安心する。
- 借りてきた猫……………………慣れていない場所では、とてもおとなしい様子。
- かんかん、がくがくの議論………………………遠慮（えんりょ）なく議論すること。
- 閑古鳥（かんこどり）が鳴く………………………客が来なくなり、商売がはやらない様子。

【き】

- 企業戦士（きぎょうせんし）……………………………自分を犠牲（ぎせい）にしても会社のために働く人。
- 机上の空論（きじょうのくうろん）…………頭の中で考えただけで、実際には役に立たない理論・計画。
- 昨日の敵（てき）は今日の友………………以前、敵として戦った相手と仲良くすること。
- 希望の星………………………………人々に夢や希望を与えるような存在。
- 九死に一生を得る…………………………危ないところで奇跡的に助かる。
- 漁夫の利（ぎょふ）………………………人が争っている間に別の人がうまく利益（りえき）を得ること。
- 清水（きよみず）の舞台から飛び降りるつもりで………………思い切って〜すること。

【く】

- 空気が読めない……………………………その場の状況が把握（はあく）できないこと。
- 口は禍（わざわい）のもと………………………………不用意にものを言ってはならない。
- 口を酸（す）っぱくして言う…………………………………何回も同じことを言う。
- グルメ…………………………………料理の味や、材料などに詳（くわ）しい人。
- 君子（くんし）危うきに近寄らず………賢い人はすすんで危険に近づくようなことはしない。

| 名句 | 意味 |

【け】

- ＫＹ………………………………………… その場の状況が把握できないこと。
- 劇場型政治………… 政治家が芸能人のように振る舞い、国民の人気を取る政治。
- 結婚は人生の墓場……………… 結婚すると生活が悪いほうに変わってしまう。

【こ】

- 恋は思案の他……………………………恋をすると常識的な判断ができなくなる。
- 光陰矢の如し……………………………………………… 時間は早く経つ。
- 後悔先に立たず…………………… してしまったことは取り返しがつかない。
- 古式ゆかしい………………………昔からのやり方で懐かしく心が引かれる。
- 五十歩百歩………………………… たいして差がなく、優れていないこと。
- 子供だまし………………… 子供がだまされるような、あまり価値のないもの。
- ゴミの分別収集………………………………… ゴミを種類に分けて収集すること。
- 転ばぬ先の杖………………………………………… 失敗しないように用心すること。
- 子を知るは親にしかず………………………子供のことは親が一番よく知っている。
- 言語道断……………………………………… あまりにもひどくて言いようがない。

【さ】

- 先送り……………………………………… 問題を未解決のままにすること。
- 策士策に溺れる……………… はかりごとを巧みにする人はかえって失敗する。
- 砂上の楼閣…………………… 基礎がしっかりしていないために崩れやすい物事。
- サボる………………………………………………仕事を怠けること (sabotage)。
- 猿も木から落ちる……………………………… 専門家でも失敗することがある。

【し】

- 自業自得……………………………………自分のした悪いことが自分に返ってくる。

183

名句	意味

自然破壊……………………………………… 人間が自然を壊していること。
親しき仲にも礼儀あり………………… 親しい仲であっても礼儀は守るべきだ。
失敗は成功の母…………………………… 失敗の中に成功へのヒントがある。
自分のことは棚に上げる……………………… 自分のことは問題にしない。
蛇の道は蛇……… 蛇の通る道は蛇がよく知っている。仲間のことはよく分かる。
就職氷河期………………………………… 求人が少なく就職するのが困難な時期。
熟年離婚………………………………… 長い間結婚生活を送った中高年者の離婚。
受験戦争………………………………… 入学試験の競争が戦争のように激しいこと。
出藍の誉れ……………………………… 弟子のほうが先生より優れるということ。
正念場…………………………………………………… 最も重要な時期。
「少年よ大志を抱け。」……… 「若者たちよ、大きな志を持ちなさい」という言葉。
初心忘るべからず………………… 初めの頃の謙虚で緊張した気持ちを失うな。
知らぬが仏…………… 不幸な事実を知らない間は幸せでいられるということ。
白羽の矢が立つ……………………… 適任者なので、皆から選ばれること。
信号無視……………………………………… 交通信号を守らないこと。
針小棒大……………… 「針」ほどのことを大げさに「棒」のように言うこと。
人生、山あり谷あり………………… 人生はいいときもあれば悪いときもある。
神童も二十歳過ぎればただの人
……子供のとき素晴らしい才能があっても、大人になると平凡な人になってしまう。

【す】
過ぎたるは及ばざるがごとし……………… 行き過ぎは不足と同じでよくない。
助っ人………………………………………………… 力を貸して助ける人。
すっぽんは噛みつくと、雷が鳴っても放さない……〈世間で言われていること〉
すねかじり………………………………… 親から生活費をもらって生活する人。

| 名句 | 意味 |

【せ】

税金どろぼう……………………………………… 税金を無駄に使ってしまう人。

世知辛い世の中………………………………… 厳しく、打算的な社会。

背に腹はかえられない……重要なことのためには他を犠牲にしても仕方がない。

善人は若死にする………………………………… いい人は早く亡くなる。

【そ】

騒音規制法……………………… 生活環境を守るため騒音を取り締まる法律。

備えあれば憂いなし………………………………… 準備をしておけば安心だ。

【た】

高嶺の花………………………眺めるだけで、自分のものにすることができないもの。

玉に傷……………………………… 完璧なものに一つだけ欠点があること。

賜物………………………………………………… 結果として得た大切な物。

玉も磨かなければ光らない……… 才能ある人も努力なしに立派にはなれない。

短気は損気……………………………… 短気を起こすと自分の損になる。

【ち】

猪突猛進……………………………… よく考えずに目標に向かって突き進むこと。

ちりも積もれば山となる……………… 小さな物でも集まると大きな物になる。

チンプンカンプン…………………………………………全く何も分からない。

【つ】

月とスッポン…………………………………… 良い物と悪い物のたとえ。

月なみ……………………………………………… ありふれていて、つまらないこと。

名句	意味

【て】

でっち上げ……ないことをあるように作り上げること。
手前味噌（みそ）……自慢すること。
電光石火（でんこうせっか）……動作が素早いこと。
天高く馬肥（こ）ゆる秋……秋は食欲が増して、人も馬も太るということ。
天は二物（にぶつ）を与えず……一人の人間が二つ以上の才能を持つことはない。
天は自ら助くる者を助く……人に頼らず自分で努力する者に幸せが来る。
天網恢恢疎（てんもうかいかいそ）にして漏（も）らさず……天は悪事を見逃さない。

【と】

童心（どうしん）に帰る……子供の頃（ころ）の幼い気持ちに戻る。
灯台下暗（もと）し……身近なことがかえって分かりにくいということ。
読書三昧（ざんまい）……読書をしたいだけすること。
所変われば品（しな）変わる……場所によって風俗（ふうぞく）習慣が変わる。
隣（となり）の花は赤い……他人のものはなんでもよく見える。
友達以上恋人未満……友達より親密（しんみつ）だが、恋人ではない。
土用の丑（うし）の日にウナギを食べると夏バテしない〈世間で言われていること〉
泥（どろ）のように眠る……疲れ果てて死んだように寝る。
ドングリの背くらべ……どれも同じように平凡（へいぼん）である。

【な】

内縁（ないえん）関係………実際は結婚している状態（じょうたい）だが婚姻（こんいん）届を出していない男女の関係。
長いものには巻かれろ……目上の人や上司には従（したが）っていたほうが得だ。
泣き落とし……泣いて相手の同情を買い、願いを聞いてもらうこと。
為（な）せば成る……その気になってやってみれば何でもできる。
鍋奉行（なべぶぎょう）……鍋料理をするとき、仕切る人。

名句	意味
習うより慣れろ	経験したほうがよく覚えられる。

【に】

名句	意味
ニート	仕事も勉強もせず、親の世話を受けて生活している若者。
逃した魚は大きい	手に入れられなかった物は価値(かち)があるように思える。
憎まれっ子世にはばかる	人に憎まれるような人が、世間では威張(いば)っている。
二足の草鞋(わらじ)をはく	同時に二つの仕事をする。
日常茶飯事(にちじょうさはんじ)	毎日のありふれたこと。
日曜大工(だいく)	休日や余暇(よか)を利用して大工仕事をすること。
日進月歩(にっしんげっぽ)	絶え間なく進歩すること。
二度あることは三度ある	同じことが二度続けてあったら必ずもう一回ある。
人間は考える葦(あし)である	人間は弱いが考える力があるということ。
人間は万物の霊長(れいちょう)	人間は一番高等な生き物であること。

【ぬ】

名句	意味
濡(ぬ)れ衣(ぎぬ)	無実の罪をきせられること。

【ね】

名句	意味
猫の手も借りたい	非常に忙しい状況。

【の】

名句	意味
のど自慢(じまん)	歌が上手(じょうず)な人。

【は】

名句	意味
背水(はいすい)の陣(じん)	失敗すれば次のチャンスはない状態(じょうたい)で物事を行うこと。
ハケン	正社員ではない、派遣(はけん)会社から派遣された社員。

ha 【は】

名句	意味
鼻持ちならない	我慢(がまん)できないほどいやな感じ。
母は強し	子供を思うと母親は強くなる。
ばれる	隠(かく)していた悪いことが現れる。
半人前(はんにんまえ)	まだ社会人として独立していない人。

【ひ】

必要は発明の母	発明は必要から生まれる。
人それぞれ	人によって考え方などが違っているということ。
人なみ	普通の人と同じであること。
人のふり見て、我(わ)がふり直せ	人の悪い点を見て、自分の行動を反省しなさい。
人を買いかぶる	人を実際より高く評価(ひょうか)する。
火の車	家計が非常に苦しいこと。
火の用心	火事にならないように気をつけること。
貧乏暇なし(びんぼうひま)	貧乏な人は働かなければならないので暇がない。

【ふ】

風前(ふうぜん)の灯火(ともしび)	危険が迫(せま)っていること。
夫婦喧嘩(げんか)は犬も食わない	夫婦喧嘩は他人が関わるものではないということ。
不法就労(しゅうろう)	許可を得ていない外国人が仕事をすること。
踏(ふ)ん切(ぎ)りがつかない	ぐずぐずして、なかなか決心がつかない。

【へ】

下手(へた)の横好き	下手なのに、あることを熱心にする。
ペンは剣(けん)よりも強し	思想、言論が持つ力は、武力よりも強い。

名句	意味

【ほ】

ポイ捨て禁止……………………… ゴミなどを、道に捨ててはいけないということ。
暴走族……………………… 規則を無視してバイクや車を運転する若者のグループ。
仏(ほとけ)の顔も三度………… どんなにやさしい人でも何回も悪いことをされれば怒る。
骨折り損のくたびれもうけ…………………………… 苦労しても効果がない。

【ま】

馬子(まご)にも衣装………… よい服装をすると人の品格まで良く見えるということ。
真っ赤な嘘………………………………………… 疑う余地のない嘘。

【み】

見掛け倒し………………………………… 外見はいいが、中身がよくない。
水清(きよ)ければ魚住まず………… 潔癖(けっぺき)すぎる人はかえって親しみにくい。
身の上話……………………… その人の生い立ちや境遇(きょうぐう)など人生に関する話。
ミリオンセラー…………… 1年間に100万部以上の売り上げを記録した作品。

【む】

無芸(むげい)大食………………………… 何も得意なものがないということ。
向こう見ず……………… 先のことを何も考えずに危ないことをすること。
無用の長物(ちょうぶつ)……………………………………… あっても役に立たない物。

【め】

目立ちたがり屋…………………………… 人に注目されたいと思う人。

【も】

持つべきものは友……………………… 持つ価値(かち)のあるものは友達だ。

189

名句	意味
モテモテ	たくさんの人に好かれること。
ものも言いようで角が立つ	表現によって、人の受け取り方も違う。
モンスター・ペアレント	学校などに無理な要求をする保護者(ほご)。

【や】

薬石(やくせきこう)効なく	薬も治療も効かない。
野次馬(やじうま)	何でも珍しがって見物したがる人。
やせ我慢(がまん)	本当は大変なのに平気な様子をすること。
藪(やぶ)の中	関係者の言うことが食い違うなどして、真相が分からないこと。

【よ】

欲の皮が突(つ)っ張(ぱ)る	欲が深い。

【り】

理系(けい)の人	数学や自然科学が好きな人。
リストラ	会社のコスト削減(さくげん)のために社員を辞めさせること。

【る】

類は友を呼ぶ	似た者は自然に集まるということ。

【ろ】

老婆心(ろうばしん)	必要以上に心配する気持ち。

【わ】

ワイドショー	ニュース・生活・芸能情報などを取り上げるテレビ番組。
若者は宇宙人	若者の考え方は年配の人には理解不能だということ。
禍(わざわい) 転じて福となす	不幸を幸せになるチャンスとする。

索引

【あ】

- Iターン現象 …………………… 21
- アイドル追っかけ ……………… 100
- 赤い（隣の花は） ……………… 80
- 赤い糸（運命の） ……………… 40
- 秋（天高く馬肥ゆる） ………… 114
- アキバ系パソコン・オタク …… 10
- 悪徳商法 ………………………… 106
- 上げる（棚に） ………………… 102
- 朝市 ……………………………… 46
- 朝練 ……………………………… 104
- 葦（人間は考える） …………… 12
- 味（お袋の） …………………… 86
- 与えず（天は二物を） ………… 88
- 頭（鰯の） ……………………… 107
- 後の祭り ………………………… 82
- 危うきに近寄らず（君子） …… 72
- あらばこそ ……………………… 74
- アリバイ ………………………… 26
- アルキメデスの原理 …………… 36
- あるまいか ……………………… 42
- 暗中模索 ………………………… 110

【い】

- 言いよう（ものも） …………… 90
- 言う（口を酸っぱくして） …… 128
- 言うか …………………………… 142
- 言うにおよばず ………………… 46
- イエティー ……………………… 144
- 言おうか ………………………… 142
- イケメン ………………………… 65
- いざしらず ……………………… 44
- いざというとき ………………… 137
- いざ～となると ………………… 136
- いざとなると …………………… 137
- 石頭 ……………………………… 60
- 石橋を叩いて渡る ……………… 134
- 医者の不養生 …………………… 131
- 衣装（馬子にも） ……………… 87
- 以上（友達） …………………… 143
- 抱け（少年よ大志を） ………… 98

- 至れり尽くせり ………………… 46
- 一度 ～と／ば／たら ………… 135
- 一難去って、また一難 ………… 84
- 一日千秋の思い ………………… 82
- 一回 ～と／ば／たら ………… 135
- いつからともなく ……………… 37
- 一気呵成 ………………………… 66
- 一生（九死に） ………………… 80
- 一寸先は闇 ……………………… 50
- 一方は～ ………………………… 139
- 否か ……………………………… 38
- 否めない ………………………… 18
- 犬は人につき、猫は家につく … 96
- 犬も食わない（夫婦喧嘩は） … 86
- 異文化理解 ……………………… 120
- 鰯の頭も信心から ……………… 107

【う】

- 魚住まず（水清ければ） ……… 30
- 丑の日 …………………………… 20
- 嘘（真っ赤な） ………………… 139
- 嘘つきは泥棒の始まり ………… 142
- 宇宙人（若者は） ……………… 100
- ウナギ …………………………… 20
- 馬肥ゆる秋（天高く） ………… 114
- 馬の耳に念仏 …………………… 106
- 海のものとも山のものともつかぬ … 144
- 売り言葉に買い言葉 …………… 24
- 憂いなし（備えあれば） ……… 30
- 運命の赤い糸 …………………… 40
- 運を天に任せる ………………… 88

【え】

- エコライフ ……………………… 16
- 絵にかいた餅 …………………… 72

【お】

- おいてほかにない ……………… 24
- 大きい（逃がした魚は） ……… 82
- 奢る者久しからず ……………… 28
- おしゃべり ……………………… 51
- お受験 …………………………… 50
- お節介焼き ……………………… 44

索引

オタク……………………………… 10
落ちる（猿も木から）…………… 68
追っかけ…………………………… 100
お袋の味…………………………… 86
溺れる（策士策に）……………… 68
思い（一日千秋の）……………… 82
親にしかず（子を知るは）……… 118
親の心子知らず…………………… 56
お山の大将………………………… 29
及ばざるがごとし（過ぎたるは）… 38
およばず（言うに）……………… 46
下りる（肩の荷が）……………… 138
終わり良ければすべて良し……… 112
温故知新…………………………… 130

【か】

〜か………………………………… 39
カード破産………………………… 50
かいが ある／ない……………… 85
〜がいが ある／ない…………… 84
買いかぶる………………………… 80
外見重視…………………………… 38
買い言葉…………………………… 24
海賊版……………………………… 46
〜か否か…………………………… 38
かえられない（背に腹は）……… 108
かえりみず………………………… 48
帰る（童心に）…………………… 126
欠かせない………………………… 14
かかっている……………………… 98
がくがく…………………………… 27
格差社会…………………………… 42
過言ではない……………………… 22
呵成（一気）……………………… 66
〜方によっては…………………… 91
肩の荷が下りる…………………… 138
かたや〜、かたや〜……………… 138
〜かどうか………………………… 39
角が立つ（ものも言いようで）… 90
〜かな（ま）……………………… 133
〜が必要だ………………………… 15

かまけて…………………………… 108
我慢（やせ）……………………… 20
噛みつく（すっぽんは）………… 135
雷が鳴っても放さない…………… 135
借りたい（猫の手）……………… 104
借りてきた猫……………………… 116
考えずに…………………………… 49
考える葦…………………………… 12
かんかん、がくがくの議論……… 27
関係（内縁）……………………… 144
閑古鳥が鳴く……………………… 96
カンプン（チンプン）…………… 66

【き】

木から落ちる（猿も）…………… 68
企業戦士…………………………… 48
机上の空論………………………… 18
傷（玉に）………………………… 132
規正法（騒音）…………………… 101
昨日の敵は今日の友……………… 18
希望の星…………………………… 58
九死に一生を得る………………… 80
今日の友…………………………… 18
漁夫の利…………………………… 62
清水の舞台から飛び降りる……… 134
議論（かんかん、がくがく）…… 27
気を取られて……………………… 109
禁止（ポイ捨て）………………… 114

【く】

空気が読めない…………………… 17
空論（机上の）…………………… 18
くたびれもうけ…………………… 14
口は禍のもと……………………… 58
口を酸っぱくして言う…………… 128
暗い（灯台下）…………………… 68
グルメ……………………………… 129
食わない（犬も）………………… 86
君子危うきに近寄らず…………… 72

【け】

〜系………………………………… 133
ＫＹ………………………………… 17

193

劇場型政治⋯⋯⋯⋯⋯⋯⋯⋯⋯⋯⋯ 116
結婚は人生の墓場⋯⋯⋯⋯⋯⋯⋯ 106
剣よりも強し⋯⋯⋯⋯⋯⋯⋯⋯⋯ 28
原理（アルキメデスの）⋯⋯⋯⋯ 36

【こ】

恋は思案の他⋯⋯⋯⋯⋯⋯⋯⋯⋯ 138
恋人未満（友達以上）⋯⋯⋯⋯⋯ 143
光陰矢の如し⋯⋯⋯⋯⋯⋯⋯⋯⋯ 108
後悔先に立たず⋯⋯⋯⋯⋯⋯⋯⋯ 109
効なく（薬石）⋯⋯⋯⋯⋯⋯⋯⋯ 28
古式ゆかしい⋯⋯⋯⋯⋯⋯⋯⋯⋯ 110
越したことはない⋯⋯⋯⋯⋯⋯⋯ 31
五十歩百歩⋯⋯⋯⋯⋯⋯⋯⋯⋯⋯ 30
子知らず（親の心）⋯⋯⋯⋯⋯⋯ 56
こそあれ⋯⋯⋯⋯⋯⋯⋯⋯⋯⋯⋯ 61
こそあれ―ない⋯⋯⋯⋯⋯⋯⋯⋯ 60
〜こそすれ―ない⋯⋯⋯⋯⋯⋯⋯ 58
こそはじめて⋯⋯⋯⋯⋯⋯⋯⋯⋯ 56
〜ととみえて⋯⋯⋯⋯⋯⋯⋯⋯⋯ 126
〜ととみえる⋯⋯⋯⋯⋯⋯⋯⋯⋯ 126
異にする⋯⋯⋯⋯⋯⋯⋯⋯⋯⋯⋯ 120
言葉（売り、買い）⋯⋯⋯⋯⋯⋯ 24
子供だまし⋯⋯⋯⋯⋯⋯⋯⋯⋯⋯ 127
ゴミの分別収集⋯⋯⋯⋯⋯⋯⋯⋯ 111
転ばぬ先の杖⋯⋯⋯⋯⋯⋯⋯⋯⋯ 43
子を知るは親にしかず⋯⋯⋯⋯⋯ 118
言語道断⋯⋯⋯⋯⋯⋯⋯⋯⋯⋯⋯ 10

【さ】

魚（逃がした）⋯⋯⋯⋯⋯⋯⋯⋯ 82
先送り⋯⋯⋯⋯⋯⋯⋯⋯⋯⋯⋯⋯ 12
先に立たず（後悔）⋯⋯⋯⋯⋯⋯ 109
策士策に溺れる⋯⋯⋯⋯⋯⋯⋯⋯ 68
策に溺れる⋯⋯⋯⋯⋯⋯⋯⋯⋯⋯ 68
砂上の楼閣⋯⋯⋯⋯⋯⋯⋯⋯⋯⋯ 62
去って（一難）⋯⋯⋯⋯⋯⋯⋯⋯ 84
さておき⋯⋯⋯⋯⋯⋯⋯⋯⋯⋯⋯ 112
茶飯事（日常）⋯⋯⋯⋯⋯⋯⋯⋯ 22
サボる⋯⋯⋯⋯⋯⋯⋯⋯⋯⋯⋯⋯ 26
〜ざる⋯⋯⋯⋯⋯⋯⋯⋯⋯⋯⋯⋯ 40
さることながら⋯⋯⋯⋯⋯⋯⋯⋯ 114

猿も木から落ちる⋯⋯⋯⋯⋯⋯⋯ 68
三度（二度あることは）⋯⋯⋯⋯ 44
三度（仏の顔も）⋯⋯⋯⋯⋯⋯⋯ 63
三昧（読書）⋯⋯⋯⋯⋯⋯⋯⋯⋯ 140

【し】

思案の他（恋は）⋯⋯⋯⋯⋯⋯⋯ 138
しいて 〜と／ば／たら／なら ⋯⋯⋯ 132
〜しかない⋯⋯⋯⋯⋯⋯⋯⋯⋯⋯ 25
しくはない⋯⋯⋯⋯⋯⋯⋯⋯⋯⋯ 30
自業自得⋯⋯⋯⋯⋯⋯⋯⋯⋯ 40、84
自然破壊⋯⋯⋯⋯⋯⋯⋯⋯⋯⋯⋯ 126
したがって⋯⋯⋯⋯⋯⋯⋯⋯⋯⋯ 111
親しき仲にも礼儀あり⋯⋯⋯⋯⋯ 74
失敗は成功の母⋯⋯⋯⋯⋯⋯⋯⋯ 118
自得（自業）⋯⋯⋯⋯⋯⋯⋯ 40、84
しないで⋯⋯⋯⋯⋯⋯⋯⋯⋯⋯⋯ 10
品変わる（所変われば）⋯⋯⋯⋯ 126
自分のことは棚に上げる⋯⋯⋯⋯ 102
自慢（のど）⋯⋯⋯⋯⋯⋯⋯⋯⋯ 116
〜じみる⋯⋯⋯⋯⋯⋯⋯⋯⋯⋯⋯ 106
社会（格差）⋯⋯⋯⋯⋯⋯⋯⋯⋯ 42
〜じゃないだろうか⋯⋯⋯⋯⋯⋯ 43
蛇の道は蛇⋯⋯⋯⋯⋯⋯⋯⋯⋯⋯ 142
重視（外見）⋯⋯⋯⋯⋯⋯⋯⋯⋯ 38
収集（分別）⋯⋯⋯⋯⋯⋯⋯⋯⋯ 111
就職氷河期⋯⋯⋯⋯⋯⋯⋯⋯⋯⋯ 39
就労（不法）⋯⋯⋯⋯⋯⋯⋯⋯⋯ 110
熟年離婚⋯⋯⋯⋯⋯⋯⋯⋯⋯⋯⋯ 16
受験⋯⋯⋯⋯⋯⋯⋯⋯⋯⋯⋯⋯⋯ 50
受験戦争⋯⋯⋯⋯⋯⋯⋯⋯⋯⋯⋯ 112
出藍の誉れ⋯⋯⋯⋯⋯⋯⋯⋯⋯⋯ 72
正念場⋯⋯⋯⋯⋯⋯⋯⋯⋯⋯⋯⋯ 22
少年よ大志を抱け⋯⋯⋯⋯⋯⋯⋯ 98
商法（悪徳）⋯⋯⋯⋯⋯⋯⋯⋯⋯ 106
初心忘るべからず⋯⋯⋯⋯⋯⋯⋯ 130
知らぬが仏⋯⋯⋯⋯⋯⋯⋯⋯⋯⋯ 12
白羽の矢が立つ⋯⋯⋯⋯⋯⋯⋯⋯ 24
信号無視⋯⋯⋯⋯⋯⋯⋯⋯⋯⋯⋯ 70
針小棒大⋯⋯⋯⋯⋯⋯⋯⋯⋯⋯⋯ 114
信心から（鰯の頭も）⋯⋯⋯⋯⋯ 107

索引

人生の墓場（結婚は）………… 106
人生、山あり谷あり…………… 71
神童も二十歳過ぎれば………… 64
陣（背水の）…………………… 22

【す】
過ぎたるは及ばざるがごとし…… 38
助っ人…………………………… 104
酸っぱくして言う（口を）…… 128
スッポン………………………… 64
すっぽんは噛みつくと………… 135
すねかじり……………………… 128
すべて良し（終わり良ければ）…… 112

【せ】
税金どろぼう…………………… 91
背くらべ（ドングリの）……… 132
成功の母（失敗は）…………… 118
政治（劇場型）………………… 116
世知辛い世の中………………… 74
石火（電光）…………………… 25
背に腹はかえられない………… 108
せめて～だけでも……………… 101
せめて～なりとも……………… 100
戦士（企業）…………………… 48
千秋（一日）…………………… 82
全然ない………………………… 27
戦争（受験）…………………… 112
善人は若死にする……………… 48

【そ】
騒音規制法……………………… 101
そうだが………………………… 115
そこそこに……………………… 104
～そこなう－1 ………………… 80
～そこなう－2 ………………… 82
備えあれば憂いなし…………… 30
疎にして漏らさず（天網恢々）… 138
それぞれ（人）………………… 120
それはさておき………………… 113
損気（短気は）………………… 10

【た】
大工（日曜）…………………… 36
大将（お山の）………………… 29
大食（無芸）…………………… 20
大志を抱け（少年よ）………… 98
高嶺の花………………………… 62
だけでも………………………… 101
だけど―も……………………… 47
助く（天は自ら助くる者を）…… 56
叩いて渡る（石橋を）………… 134
立たず（後悔先に）…………… 109
ただの人（神童も二十歳過ぎれば）… 64
立つ（白羽の矢が）…………… 24
～だって―ない………………… 29
棚に上げる（自分のことは）… 102
谷あり（人生山あり）………… 71
だまし（子供）………………… 127
玉に傷…………………………… 132
賜物……………………………… 15
玉も磨かなければ光らない…… 56
～たらんとする………………… 62
～たるや………………………… 64
誰からともなく………………… 37
短気は損気……………………… 10

【ち】
近寄らず（君子危うきに）…… 72
長物（無用の）………………… 60
猪突猛進………………………… 142
ちりも積もれば山となる……… 98
チンプンカンプン……………… 66

【つ】
杖（転ばぬ先の）……………… 43
つかない（踏ん切りが）……… 136
つかぬ（海のものとも～）…… 144
月とスッポン…………………… 64
月なみ…………………………… 97
～っきゃない…………………… 25
尽くせり（至れり）…………… 46
～つけた………………………… 86
～つけない……………………… 86
～つける………………………… 86
～ったら………………………… 65

項目	ページ
〜っつうか、—っつうか	143
突っ張る（欲の皮が）	68
〜って言うか、—って言うか	143
〜って言うか、何て言うか	143
〜っぽい	107
積もれば（ちりも）	98
強し（母は）	130
強し（ペンは剣よりも）	28

【て】

項目	ページ
〜で	111
敵（昨日の）	18
〜でこそあれ—ない	60
〜てこそはじめて	56
でっち上げ	70
〜ではあるまいか	42
〜ではないだろうか	43
手前味噌	74
〜でも—ない	29
電光石火	25
転じて福となす（禍）	90
天高く馬肥ゆる秋	114
天に任せる（運を）	88
天は二物を与えず	88
天は自ら助くる者を助く	56
天網恢恢疎にして漏らさず	138

【と】

項目	ページ
〜と言うか、—と言うか	142
〜と言おうか、—と言おうか	142
〜と言っても過言ではない	22
〜と言わず—と言わず	140
どうか（〜か）	39
どうかすると	131
童心に帰る	126
灯台下暗し	68
読書三昧	140
どこからともなく	37
どこへともなく	37
所変われば品変わる	126
どちらからともなく	37
隣の花は赤い	80

項目	ページ
飛び降りる（清水の舞台から）	134
〜とみるや	66
友（昨日の敵は今日の）	18
友（持つべきものは）	14
〜ともあろう—が	68
灯火（風前の）	98
ともすると	130
ともすれば	130
友達以上恋人未満	143
〜とも—ともつかぬ	144
〜ともなく	36
友を呼ぶ（類は）	134
土用の丑の日にウナギ	20
泥のように眠る	104
どろぼう（税金）	91
泥棒の始まり（嘘つきは）	142
ドングリの背くらべ	132

【な】

項目	ページ
〜ない（〜ようで）	12
内縁関係	144
ないだろうか（〜では、〜じゃ）	43
ないようでＡだ	13
直せ（人のふり見て、我がふり）	118
仲（親しき）	74
長いものには巻かれろ	40
泣き落とし	66
鳴く（閑古鳥が）	96
為せば成る	10
夏バテ	20
〜など毛頭ない	26
〜などもってのほか	70
何はさておき	113
鍋奉行	140
なまじっか〜	129
なまじ〜ものだから	128
〜なみ	96
〜ならいざしらず	44
習うより慣れろ	136
〜ならまだしも	72
なりとも	100

〜なれている	87
慣れろ（習うより）	136
なろうとする	63
〜なんてもってのほか	71

【に】

ニート	44
〜にかかっている	98
逃した魚は大きい	82
〜にかまけて	108
〜に気を取られて	109
憎まれっ子世にはばかる	26、60
〜に越したことはない	31
〜にしくはない	30
〜にしたがって	111
二足の草鞋をはく	108
日常茶飯事	22
日曜大工	36
日進月歩	14
二度あることは三度ある	44
〜になろうとする	63
〜にのっとり	110
二物を与えず	88
人間は考える葦である	12
人間は万物の霊長	60

【ぬ】

濡れ衣	58

【ね】

猫（借りてきた）	116
猫の手も借りたい	104
猫は家につく	96
眠る（泥のように）	104
念仏（馬の耳に）	106

【の】

〜のか	145
〜のかいが ある／ない	85
のっとり	110
のど自慢	116

【は】

〜は言うにおよばず	46
〜はいざしらず	44
背水の陣	22
〜は否めない	18
破壊（自然）	126
墓場（人生の）	106
ハケン	96
〜はさておき	112
破産（カード）	50
始まり（嘘つきは泥棒の）	142
はじめて	56
〜は全然ない	27
二十歳過ぎればただの人	64
発明の母	42
花（高嶺の）	62
花（隣の）	80
話（身の上）	145
〜は毛頭ない	26
鼻持ちならない	102
はばかる（憎まれっ子世に）	26、60
母（失敗は成功の）	118
母（必要は発明の）	42
母は強し	130
〜は全くない	27
〜はもちろん—も	47
腹（背に）	108
ばれる	102
半人前	18
万物の霊長	60

【ひ】

光らない（玉も磨かなければ）	56
久しからず（奢るもの）	28
必要だ（〜が）	15
必要は発明の母	42
人それぞれ	120
ひとたび 〜と／ば／たら	134
人なみ	97
人のふり見て、我がふり直せ	118
人を買いかぶる	80
火の車	47
火の用心	128
暇なし（貧乏）	31

百歩（五十歩）……………………… 30
氷河期（就職）……………………… 39
貧乏暇なし…………………………… 31

【ふ】
風前の灯火…………………………… 98
夫婦喧嘩は犬も食わない…………… 86
奉行（鍋）…………………………… 140
福となす（禍転じて）……………… 90
舞台（清水の）……………………… 134
不法就労……………………………… 110
ふまえて……………………………… 118
不養生（医者の）…………………… 131
〜ぶる………………………………… 102
踏ん切りがつかない………………… 136
分別収集（ゴミの）………………… 111

【へ】
下手の横好き………………………… 140
蛇（蛇の道は）……………………… 142
ペンは剣よりも強し………………… 28

【ほ】
ポイ捨て禁止………………………… 114
暴走族………………………………… 48
棒大（針小）………………………… 114
ほかにない…………………………… 24
星（希望の）………………………… 58
仏（知らぬが）……………………… 12
仏の顔も三度………………………… 63
骨折り損のくたびれもうけ………… 14
誉れ（出藍の）……………………… 72

【ま】
任せる（天に）……………………… 88
ま、〜かな？………………………… 133
巻かれろ（長いものには）………… 40
〜まくる……………………………… 88
馬子にも衣装………………………… 87
まず…………………………………… 113
また一難（一難去って）…………… 84
まだしも……………………………… 72
真っ赤な嘘…………………………… 139
全くない……………………………… 27

祭り（後の）………………………… 82
まんざらじゃない…………………… 21
まんざら〜ない……………………… 20

【み】
みえて………………………………… 126
みえる………………………………… 126
磨かなければ（玉も）……………… 56
見掛け倒し…………………………… 64
自ら助くる者を助く（天は）……… 56
水清ければ魚住まず………………… 30
味噌（手前）………………………… 74
〜みたいに…………………………… 117
身の上話……………………………… 145
未満（恋人）………………………… 143
耳（馬の）…………………………… 106
ミリオンセラー……………………… 88
みるや………………………………… 66

【む】
無芸大食……………………………… 20
向こう見ず…………………………… 49
無視（信号）………………………… 70
無用の長物…………………………… 60
無理からぬ…………………………… 50
無理ない……………………………… 51

【め】
目立ちたがり屋……………………… 117

【も】
〜もあらばこそ……………………… 74
もう一方は—………………………… 139
猛進（猪突）………………………… 142
毛頭ない……………………………… 26
〜もかえりみず……………………… 48
〜も考えずに………………………… 49
模索（暗中）………………………… 110
〜もさることながら………………… 114
〜もしないで………………………… 10
〜もそうだが………………………… 115
〜もそこそこに……………………… 104
〜もだけど—も……………………… 47
餅（絵にかいた）…………………… 72

198

索引

もちろん—も……………………… 47
もってしても—ない……………… 28
もってのほか……………………… 70
持つべきものは友………………… 14
モテモテ…………………………… 115
ものだから………………………… 128
ものも言いようで角が立つ……… 90
〜も無理からぬ…………………… 50
〜も無理ない……………………… 51
〜もやむをえない………………… 16
漏らさず（天網恢恢疎にして）… 138
モンスター・ペアレント………… 48

【や】
矢（白羽の）……………………… 24
薬石効なく………………………… 28
野次馬……………………………… 112
やせ我慢…………………………… 20
矢の如し（光陰）………………… 108
藪の中……………………………… 38
山あり谷あり……………………… 71
山となる（ちりも積もれば）…… 98
山のものともつかぬ（海のものとも） 144
闇（一寸先は）…………………… 50
やむをえない……………………… 16
ややもすると……………………… 131
ややもすれば……………………… 131

【ゆ】
ゆかしい（古式）………………… 110

【よ】
用心（火の）……………………… 128
〜ようだ…………………………… 127
〜ようで〜ない…………………… 12
〜ようによっては………………… 90
欲の皮が突っ張る………………… 68
横好き（下手の）………………… 140
世にはばかる（憎まれっ子）… 26、60
世の中（世知辛い）……………… 74
呼ぶ（類は友を）………………… 134
〜よろしく………………………… 116

【ら】
〜らしい…………………………… 127

【り】
利（漁夫の）……………………… 62
理解（異文化）…………………… 120
理系の人…………………………… 133
離婚（熟年）……………………… 16
リストラ…………………………… 70

【る】
類は友を呼ぶ……………………… 134

【れ】
礼儀あり（親しき仲にも）……… 74
霊長（万物の）…………………… 60

【ろ】
楼閣（砂上の）…………………… 62
老婆心……………………………… 36

【わ】
ワイドショー……………………… 46
若死に（善人は）………………… 48
我がふり直せ（人のふり見て）… 118
若者は宇宙人……………………… 100
分からない（〜のか）…………… 145
禍転じて福となす………………… 90
禍のもと（口は）………………… 58
忘るべからず（初心）…………… 130
渡る（石橋を叩いて）…………… 134
草鞋をはく（二足の）…………… 108

【を】
〜をおいてほかにはない………… 24
〜をかえりみず…………………… 48
〜を考えずに……………………… 49
〜を異にする……………………… 120
〜をふまえて……………………… 118
〜をもってしても—ない………… 28

199

【著者紹介】

★
松 本 節 子
Matsumoto Setsuko

言語文化研究所東京日本語学校(長沼スクール)、国際教育振興会(日米会話)等を経て、
Japanese Language & Culture Institute 代表。http://www.JLCI.org
『実力アップ』シリーズ(ユニコム)、『初級から中級への日本語文法ドリル』シリーズ(The Japan Times)他、
著書多数。デイリーヨミウリ・Japanese for Lazy People、漢字クラス等連載。

★
佐 久 間 良 子
Sakuma Yoshiko

Japanese Language & Culture Institute 言語文化部レクチャラー。
著書に『日本留学試験標準問題集』シリーズ、『実力アップ!日本語能力試験』シリーズ、
『ビジネス日本語Drills』(以上、ユニコム)、
『初級から中級への日本語ドリル』シリーズ(The Japan Times)がある。

★
植 木 香
Ueki Kaori

学校法人 長沼スクール 東京日本語学校 常勤講師。
その他、外資系企業においてビジネスパーソンへの日本語授業を担当。
著書に『改訂版・完全マスター1級 日本語能力試験文法問題対策』(スリーエーネットワーク)がある。

編集協力:浅野陽子
本文デザイン:應家洋子
表紙デザイン:MINAmiko GRAPHICS

新日本語能力試験・高得点Passシリーズ
超級表現+使える名句

2009年5月20日 初版 第1刷 発行
2024年9月10日   第6刷 発行

[著 者]　　松本節子・佐久間良子・植木 香 ©2009
[企画・編集] JLCI
　　　　　　〒105-0004 東京都港区新橋5-30-9 CBSビル
[DTP]　　　株式会社秀文社
[印刷所]　　株式会社シナノ
[発行所]　　(株)ユニコム
　　　　　　TEL:03-5496-7650　FAX:03-5496-9680
　　　　　　〒153-0064 東京都目黒区下目黒1-2-22-1004
　　　　　　http://www.unicom-lra.co.jp

■無断転載複製を禁じます。　　ISBN 978-4-89689-466-0